ORLOG*

*...das kolonisierte Ding wird Mensch
gerade in dem Prozess, durch den es sich befreit.*

*Frantz Fanon
»Die Verdammten dieser Erde«*

ORLOG*

Spätes Spiel um Gerechtigkeit

JÜRGEN LESKIEN

Bibliografische Information der Deutschen Nationalbibliothek:
Die Deutsche Nationalbibliothek verzeichnet diese Publikation
in der Deutschen Nationalbibliografie; detaillierte bibliografische
Daten sind im Internet über dnb.dnb.de abrufbar.

© 2022 Jürgen Leskien
Satz, Umschlaggestaltung, Herstellung und Verlag: BoD –
Books on Demand, Norderstedt
Fotonachweis: Umschlag Foto Jürgen Leskien;
Foto Seite 119 aus Zimmerer / Zeller
„Völkermord in Deutsch Südwestafrika",
Christoph Links Verlag 2003
ISBN: 978-3-7557-4649-2

Protagonisten

Alfons Kaukamundu (85)
Herero, Mitbegründer des *Wiedergutmachungskomitees*
Traditioneller Häuptling, umstrittener Paramount Chief der Ovaherero
Mitglied des Namibischen Parlaments.
Für die entschädigungslose Enteignung der deutschen Farmer, als Mittel zur Klärung des Konflikts. Befürwortet spontane Landbesetzung »Weißer Farmen«.

Michael Zareus (55)
Mbanderu, Sprecher des *Wiedergutmachungskomitees*
Vorstandsvorsitzender des MECoop – Fleischkonzern
MECoop – Windhoek
Parteiunabhängig, in keiner Wahlfunktion.
Er ist für die Zahlung von 6 Milliarden Dollar Reparationen durch Deutschland an die Herero- und NamaGemeinschaft.

Hilde Karamanda (50)
Nama, Mitglied des *Wiedergutmachungskomitees,*
Frauenrechtlerin
Krankenschwester, seit acht Jahren freigestellt, radikale politische Aktivistin.
Mitglied des Zentralkomitees der Regierungspartei, Mitglied des Namibischen Parlaments
Organisatorin des »*Occupied Day*« (Besetzung der deutschen Botschaft in Windhoek).
Sie ist für die Enteignung »Weißer Farmer« und für die Zahlung von einmalig 200 Millionen Dollar Reparatio-

nen durch Deutschland an die Ovaherero- und Nama-Gemeinschaft.

Franz Naubahua (50)
Familie gilt als Omutjimba (Einzahl Tjimba – ursprüngliche Bedeutung »verarmter Herero«), soll aus strategischen Gründen in das **Wiedergutmachungskomitee** aufgenommen werden.
Parteiunabhängig, in keiner Wahlfunktion.
Er ist »ein Schwarzer auf weißem Grund«, er kennt die Deutschen, ihre Art zu denken, so Karamanda.
Naubahuas Großvater, 1904 geboren, ist der Sohn der jungen Hererofrau Maria und des Reiters der Deutschen Schutztruppe Alfons Bitterwasser aus Potsdam-Novalis. Schwarz-weiß. Ein Kind der Zuneigung, nicht einer Vergewaltigung, wie die schmalen, aufgefundenen Briefe erzählen.
F. N. hat vor zehn Jahren im Zuge der Landreform die Farm »Alte Erde« übernommen (Rinder, nun als Nebenzweig Ökoanbau – Gemüse), die er erfolgreich betreibt.
Er steht für eine Aussöhnung auf der Basis der Zivilgesellschaft unter Ausschluss der »großen Politik«. (»Wir sind alle Brüder und Schwestern gleichen Blutes«). Die Deutschen (NGO?) und die Herero / Nama beraten über gemeinsame Projekte (Schulen, Wasserversorgung, Landwirtschaft u.a.), die Deutschland (transparent) finanziert. So seine Idee von Versöhnung. Kein Geld in die Hände von Politikern und Häuptlingsfamilien!
Ausdrücklich ist er gegen jede Art von Landbesetzung, das würde, seiner Erfahrung nach, das Land ins Chaos stürzen.

Betty Naubahua-Scholz (40)
Ehefrau von Franz Naubahua, ausgebildete Landwirtin, »deutschsprachige Afrikanerin weißer Haut« , Farmerin auf »Alte Erde«. Nahe dem Waterberg, auf der deutschen Farm »Regenstein«, geboren. Vertreterin des **»Versöhnungskomitee(s) Hand in Hand«,** in dem landesweit in Namibia nur Frauen (aller Ethnien) organisiert sind. Sie setzen sich für *einen fairen Ausgleich zwischen Schwarz und Weiß* ein.
Parteiunabhängig, in keiner Wahlfunktion.
Franz Naubahua hat seine Mitarbeit im Komitee von der Teilnahme seiner Frau an den Gesprächen abhängig gemacht.

Personen im Spiel

Vorsitzender (Vorsitzender Richter)
Jury – sechs Geschworene
Anwältin der Klage, Frau Dr. Sofia Thomson
Die Repräsentanten der Sammelklage, Kaukamundu, Zareus, Karamanda, Naubahua , Naubahua-Scholz.
Der Beklagte, der Offizielle aus Deutschland, Dr. Falkner
Anwalt des Beklagten, Dr. Freudenberg
Dr. Moyo, Gutachter
Prozessbeobachter aus Kamerun (Kelly Tawala), Togo, Tansania (Sam Akinola), Neuguinea, Samoa
Mitarbeiter (2) von Smith & Smith
Frau Petrowski, Putzfrau
Herr Wang, Schneidermeister
Gerichtsdiener
Krankenschwester

ERSTER AKT

Früher Abend.
Michael Zareus Büro. Stilvoll, mit Stahlrohrmöbeln, glä-
sernem Schreibtisch ausgestattet.
Espressomaschine, Kühlschrank mit Eisspender. Innen,
vor dem Fenster, durch das Aufblitzen der Leuchtre-
klame golden aufleuchtend, auf einer Säule gut sicht-
bar, die Büste von D. Trump.
Auf einem Beistelltisch, an der gegenüberliegenden
Seite des Raumes, eine Büste in Terrakotta – »Madiba«,
Nelson Mandela, bedeckt, wie auf einer Hutablage, von
einem breiten Sonnenhut (Wahlwerbegeschenk) in den
Farben der Regierungspartei – Grün-Rot-Blau.
Seitlich, auf einem Kleiderständer drapiert, ein Uniform-
rock – er sieht der Uniform der Deutschen Schutztruppe
sehr ähnlich (diese Uniformen werden heute in den Um-
zügen »otruppa«, zu den jährlichen Herero-Tagen als
Zeichen des Sieges über den Gegner getragen). Auf
dem Ständer eine moderne Militärschirmmütze.
Außen, hinter einem angedeuteten Fenster, Leucht-
schrift mit rotgerahmten dreihörnigem Stierkopf **ME-**
Coop – Windhoek.
Frau Petrowski, eine blasse, schlanke, gut aussehende
Frau, in der Mitte des Lebens, bearbeitet mit einem
Staubsauger konzentriert den Fußboden. Wischt be-
hutsam den Staub von der Mandela-Büste.
PETROWSKI
Madiba, mein schwarzer Freund, ich höre jede Nacht,
wie du dich im Grabe wälzt...

Von der Seite tritt ein Mann – Herr Wang – mit einer Schneiderpuppe ins Bild. Die Puppe trägt ein »viktorianisches Kleid« mit weit ausgestelltem Rock, wie es von den Hererofrauen getragen wird. Dazu die Kopfbedeckung in Form stilisierten Rindergehörns.
Die Putzfrau fährt – wie bei ungehörigen Gedanken ertappt – angesichts des Schneiders zusammen.
PETROWSKI
Herr Wang! Haben Sie mich erschreckt!
WANG
Frau Petrowski, das tut mir Leid....
Beide verlegen.

PETROWSKI
Julia. Sagen Sie ruhig Julia...
Zupft überrascht, entzückt am Kleid der Puppe.
WANG
Also Julia, verzeihen Sie, arbeiten Sie nicht hinter der Fleischtheke bei SPAR? Gestern, den frischen Kudumagen, erinnern Sie sich, zwei Kilo...
PETROWSKI
Ja, richtig. Musste in den Kühlraum. Magen, ja, Leckerbissen ihrer chinesischen Küche... Das hier, das hier ist mein Zweitjob. Mein Jüngster kommt in die Schule.
Hebt das Kleid an den Schultern ein wenig an.
Schöner Stoff! Wirklich, so weich, ach, so fließend! So gut verarbeitet!
Will die Kopfbedeckung von der Puppe heben.
WANG
Oh bitte nicht! Herr Zareus ist da sehr genau. Hoher Anspruch... Eine Überraschung für seine Frau, für die

Tage in New York, wenn sie sich das Geld von den Deutschen holen.

Stellt die Puppe seitlich ab, geht einen Schritt zurück, zufrieden.

Sie schließen ab, wenn Sie gehen? Ich meine auch das Fenster... wegen...

Streift die Puppe mit einer zärtlichen Geste.

...Einfach nur abgeben, meinte Herr Zareus. Es wäre schon jemand da.

Sie sind es Julia, welch eine Überraschung...

Ein letzter prüfender Blick.

Also dann, Julia!

Julia tritt den Staubsauger an.

Michael Zareus, helles Hemd, dunkle Hose, sportliche, sympathische Erscheinung, tritt flott, heiter in die Szene, zieht den Stecker des Staubsaugers.

ZAREUS

Schluss für heute! Habe noch zuarbeiten. Schenk' Dir die Stunde!

Wirft gut gelaunt seinen breitkrempigen, dunklen Hut auf den Tisch. Geht zum Kühlschrank. Entnimmt ihm eine Cola-Flasche, reicht sie gönnerhaft Julia, für sich selbst eine Büchse Bier.

Einfach `mal früher Feierabend!

Entdeckt das Kleid.

Hat der alte Gauner den Termin gehalten, schau an... mal anprobieren?

Lockt mit der Hand.

PETROWSKI

Weicht einen Schritt zurück, entzieht sich seiner Hand.

Das steht ihrer Frau sicher sehr, sehr gut...also ich gehe dann...wenn Sie meinen...

Julia greift energisch den Staubsauger und ab, während Zareus mit der Büchse Bier in der Hand die Puppe mit dem Kleid umkreist.

Über einen imaginären Flur nähern sich von der Seite Stimmen, ruhig, angenehm. Ein Mann, eine Frau. Unklar, worüber sie sprechen.

... darüber muss im Parlament gesprochen werden... sind nur wenige.....mit ihm zu reden macht keinen Sinn...man muss alles versuchen...

Hilde Karamanda betritt zügigen Schrittes, im Gehen sprechend, gestikulierend, von Alfons Kaukamundu gefolgt, seitlich die Bühne.

Karamanda, ein wenig füllig, im Stadtkleid, dass dem der traditionellen Kleider der Hererofrauen sehr ähnlich ist, aber ohne »gehörnter« Haube als Kopfbedeckung, stattdessen ein kunstvoll um den Kopf gebundenes Tuch. Kaukamundu im grauen Dreiteiler.

KARAMANDA

Ach.... sind wir zu früh?

Ohne Zareus direkt zu begrüßen, steuert sie sofort die Schneiderpuppe an.

Das ist ja wunderbar! Zauberhaft!

Kaukamundu berührt im Vorbeigehen Zareus freundschaftlich an der Schulter, lässt sich in einen der Sessel fallen.

KARAMANDA

Befummelt das Kleid.

Damit verglichen, läuft man ja selbst in Lumpen herum...

KAUKAMUNDU

Interveniert mit einem Seufzer.

Aber Hilde, Du siehst doch phantastisch aus!

*Hilde, den Rock des Kleides mit beiden Händen an-
hebend, knetet verzückt den Stoff.*

Lass mich raten, Mike, Arthur Arbesser, Wien...stimmt's,
Du Schlingel?

*Mike – Michael Zareus – steht hinter dem Schreibtisch,
verlegen, ordnet Papiere.*

ZAREUS

Ja... Arbesser.... Aber woher kennst du...

KAMARANDA

Ein wenig kokett, dabei elegant platznehmend.

Im vergangenen Monat – wie ihr vielleicht nicht wisst –
war unser Umwelt-Ausschuss in Wien. Wiener Atom-
behörde, wegen unseres Uranexports...

Kaukamundu, lehnt sich zurück, ungeduldig.

KAUKAMUNDU

Also. Kommen wir zu Franz Naubahua. Mike, was
meinst du?

*Ein Servierwagen wird von einem Angestellten in die
Szene geschoben, mit einer angedeuteten Verbeugung abgestellt.*

ZAREUS

Probiert! Unsere neue Boerewors. Nicht so fett wie
üblich. Viel, viel gesunde Kräuter. Rezept von Drüben. Sachsen. Nennen sie dort *Die Kamenzer.* Greift
zu!

*Ohne Zögern nehmen Kaukamundu und Kamaranda
die an Zahnstochern aufgespießten Wurststücken von
der garnierten Wurst / Brot – Platte.*

KARAMANDA

Schaut sinnend an die Decke, kaut.

Ganz anders! Das ist...ja, natürlich! Thymian oder so,
Oregano? Passt gut zu unserem großen Buffet. ...Par-

teikonferenz. In drei Wochen. Kleines Sponsoring...
Zareus! ? Hey...war nicht so gemeint... «

Tupft sich die Lippen ab, legt die Serviette zur Seite.
Also der Franz. Deutsches Blut. Ein wenig, jedenfalls.
Schwarz auf weißem Grund. Das zeigt doch unser Ent-
gegenkommen...«

ZAREUS

Nickt zustimmend.

... Er weiß am besten, wie sie ticken. Hat eine ziemlich
scharfe Zunge...und er ist gut...

*Fährt mit einer Fernbedienung eine Wandblende auf,
auf dem Bildschirm dahinter TV- Sequenzen aus der
Landwirtschaft.*

Ihr erinnert euch. Die Fernsehreportage, NBC . Franz
Naubahua, *»Farmer des Jahres«* . *»Alte Erde«* die Zeitungen waren voll davon...

Karamanda zeigt Unmut.

ZAREUS

Ja, ja Hilde... Pfeif auf den Namen! Die Message ist
wichtig: Wir Herero können das! Wir können hervor-
ragend wirtschaften! Wenn man uns das Land zurück-
gibt...

KAUKAMUNDU

Mit Bedacht.

An Naubahuas Farm *»Alte Erde«* grenzt *»Dornbusch«.*
Sechstausend Hektar. Noch von den alten Falkenbergs bewirtschaftet. Noch. Ich meine man gerade so
bewirtschaftet... Keine Kinder, die Leute. Gute Weide.
Fünf Viehposten. Franz soll sich bei der *Landbank* danach erkundigt haben.

KARAMANDA

Elektrisiert.

Da haben wir ihn! Der will größer werden, hey, der will wachsen! Der bleibt in der Spur, der hüpft nicht vom goldenen Gleis! Nur – was ist mit der Frau? Wie heißt sie? Betty? Ich meine...auch die noch...aus einer der ganz alten deutschen Familien...

ZAREUS

Sie ist aktiv im Komitee für Frauengerechtigkeit. Hilde, sie stärkt *Deine* Flanke! Hat wirklich gute Presse!
Hebt eine Zeitung an.

Eine weiße Frau – das zeigt der Öffentlichkeit, wie sagen sie – *wie breit wir aufgestellt* sind ... Ich habe mit ihm letztens, bei der Rinderauktion in Otavi, gesprochen. Kurz gesagt: Er macht nur mit, wenn sie dabei ist...immerhin...moderne Ehe, nenne ich das...

KAUKAMUNDU

Windet sich im Sessel, brummelt, mit kurzem Blick auf Zareus.

Unter euren letzten Oberhäuptlingen, Mike, gab es immer wieder solche Gestalten wie diesen Franz. Kirri aus weichem Holz unter dem Kopfkissen und in der Brust ein Hasenherz...

*Seitlich der Bühne macht sich ein Hüne in der dunkelroten Uniform des Betriebsschutzes von **MECoop** durch räuspern bemerkbar.*

WACHMANN

devot

Herr Zareus... Herr Naubahua ist da, er sagt...

Franz Naubahua, selbstbewusst am Wachmann vorbei; eingestaubt, in Arbeitskluft. Khaki Hemd, kurze Hose, die Füße strumpflos, in knöchelhohen Stiefeln. Betty Naubahua-Scholz, einen Schritt hinter ihrem

Mann. Offenes Gesicht, zurückhaltend. Sie trägt ein einfaches, halblanges Kleid, das im Schnitt denen der Hererofrauen sehr ähnlich ist, allerdings ohne die dazugehörige Kopfbedeckung. Zeitungen meinen:

»...modegewordener Opportunismus der »Weißen« in Zeiten des Umbruchs.

Zareus eilt dem Farmerehepaar mit offenen Armen entgegen.

ZAREUS

Schön dass ihr da seid!

BETTY

Entschuldigt unseren Aufzug...die Rinderauktion... es hat gedauert...

Franz in ehrerbietender Haltung vor Kaukamundu, dem Paramount Chief, begrüßt den Alten mit einer aufrichtigen Verbeugung, dann reicht er Hilde die Hand, sie nickt huldvoll, bleibt sitzen.

Betty verteilt neutral Küsschen rechts, Küsschen links.

FRANZ

Munter, nimmt im Sessel Platz.

Tadeus Otaka, der Sturkopf von Oppi Koppi, ist wütend...

Er gießt sich ein Glas Wasser ein und schaut Kaukamundu belustigt an.

...hat Rinder wieder mitnehmen müssen. Weit ausladendes Gehörn! Tradition hin, Tradition her! Aber kein südafrikanischer Maststall kauft solche Tiere! Mit solchen Waffen! Schon der Transport auf der Lorry ist ein Problem, die spießen sich bis Kapstadt gegenseitig auf. Ganz zu schweigen vom Einstellen in die engen Mastanlagen. Immer wieder diese Geschichte,...Otaka aber schimpft auf die *weißen* Auktionäre – ... für die sind wir immer noch die dummen Schwarzen... röhrt er über den Platz, dass alle spitze Ohren kriegen... Gut. Nein, nicht gut...Also...kommen wir zur Sache...

Er schaut erwartungsvoll in die Runde.

KARAMANDA

Mit unruhigen Händen.

Also. Wir glauben, dass wir mit Dir, Franz, ein...

ZAREUS

Und mit Betty...

KARAMANDA

Ja, mit Dir Franz und ....und mit Betty, nun ein gutes Team sind, um in New York zu gewinnen...

FRANZ

Sehr ernst, erhebt sich aus dem Sessel.

Ja, Hilde, lasst uns dieses unglückliche Kapitel in Würde abschließen....nach all den Jahren! Ihr sollt wissen, es bedeutet auch uns sehr, sehr viel...

Schaut Betty an, Betty nickt.

Und es ist uns ein Ehre, daran mitzuarbeiten. Endlich nach vorne schauen...

BETTY

Müssen wir da `rüber fliegen...ich meine, längerer Zeit...nach Amerika... auch wegen der Kinder mag ich nicht so lange fort sein...

KARAMANDA

Ignoriert Bettys Frage.

Gerechtigkeit, Franz. Wiedergutmachung historischen Unrechts. Reparationen. Um unser Land, darum geht es! Wir haben unsere Forderungen.

Kommt in Fahrt.

Du kennst sie! Nach den Demütigungen der Vergangenheit, nun sind wir dran – kein Ovambo, kein Da-mara, endlich wir...ja!

ZAREUS

Nickt Kamaranda zu, sachlich.

Eine Woche höchstens. Betty. Eine Woche, denke ich...
Wir werden uns gut vorbereiten...Sehr gut sogar!

Das Licht fällt langsam in sich zusammen, bis es völlig erlischt.

ZWISCHENSPIEL 1

Theatersaal.
Vorbühne.
Herr Smith, der Projektmanager von Smith & Smith im soliden Businessdress.
SMITH
Sachlich, offen, will verstanden werden.
Wir von Smith & Smith aus Jackson / Mississippi, wir haben diesen Auftrag gern übernommen.
Sehr gern, es ehrt uns.
Unsere Partner aus Namibia waren in den vergangen fünfzehn Jahren in den Staaten, in vier Prozessen gegen die Deutschen, sagen wir.... in nicht so guten Händen.
Wechselnde Anwälte. New York, gewechselt, wieder New York.
Zu viel Verständnis für die deutschen Interessen.
Die namibischen Freunde – bitter, bitter enttäuscht!
200 000 Dollar Anwaltskosten sind aufgelaufen.
eindringlich
Es muss endlich `was geschehen!
denkt einen Augenblick nach
....Aber das wissen Sie natürlich alles.
Das Problem bisher: Viel guter Wille, hoher persönlicher Einsatz. Wirklich. Aber im Grunde keine in sich stimmige Strategie. Rechtsprechung ist immer auch Inszenierung. Auf die Performance kommt es an. Ich gestehe – die Performance meines Präsidenten fasziniert mich.... Dieser Prozess, meine Damen und Her-

ren, er hat Pioniercharakter! Wir schaffen neues internationales Recht. Ja, das schaffen wir! Und die bisher Rechtlosen werden es uns danken!

Das Geschäftsfeld von Smith & Smith : Prozessvorbereitung bei Verfahren die über das Zivilrecht hinaus reichen. Praktisches Training – als Simulation.

Harte Arbeit. Bis an die Grenze.

Psychologisch aufbereitet. Mit Soziologen, ja auch mit Ethnologen. Vorab durchgearbeitet. Faktengestützt.

Und Sie sind mit dabei! Wir wollen unbedingt Ihre Meinung hören, wir wollen sie wirklich hören!

Denn: Wir werden gewinnen!

Abgang in der Art eines Entertainers.

Kommt nach zwei Schritten zurück, schon die Jacke über der Schulter.

Wir zeichnen das Training natürlich auf. Für die Analyse. Zur Dokumentation...

Er schaut, die Stimmung prüfend, in den Zuschauerraum.

Um auf die Frage eines Journalisten noch einmal öffentlich einzugehen – warum können die namibischen Freunde vor einem amerikanischen Gericht gegen Deutschland klagen?

Sie können das selbstverständlich, die amerikanische Rechtsprechung sieht diese Möglichkeit – 28 US-Code, Paragraph 1332 – ausdrücklich vor, ich danke Ihnen!

Das Licht auf ihn wird schwächer.

Für Sekunden absolute Dunkelheit. Stille.

ZWEITER AKT

Rechts und links der Bühne hängen, in den Zuschauerraum hinein, nach völliger Dunkelheit, nun Banner von der Decke.

Gut wahrzunehmen, Fotos aus deutscher Kolonialzeit in Deutsch-Südwestafrika.

1. *Ausgehungerte Hererokinder im Lager Swakopmund*
2. *Namafrau schabt Fleischreste von Menschenschädeln, Soldaten der Deutschen Schutztruppe schauen ihr dabei zu*
3. *Soldaten der Deutschen Schutztruppe verpacken zum Abtransport Schädel für Forschungszwecke in Deutschland*
4. *Erhängte Kriegsgefangene /Nama mit Soldaten der Deutschen Schutztruppe*
5. *Kriegsgefangene Nama in Ketten*

Die Banner eins bis fünf sind Faksimiles realer, deutscher Feldpost-Karten (1904 – 1910)

6. *»Grundbuchauszug« (stilisierte Landkarte), der das für die deutschen Farmer vermessene Hereroland, zum Beispiel zwischen Otjiwarongo und Otavi, zeigt*
7. *Eisenbahnzug – als techn. Errungenschaft – auf der Strecke Windhoek – Swakopmund*
8. *Bildmontage aus Porträts der Kommandeure der Deutschen Schutztruppe – General von Trotha / Major von Esthorff / Major Leutwein*

Das Gericht, das auf der Bühne agiert, ist in seiner per-

sonellen Zusammensetzung und in seinem Äußeren dem »US District Court« nachempfunden.

- *Der vorsitzende Richter*
- *Die Geschworenen (6)*
- *Die Rechtsanwältin als Vertretung der Klage*
- *Der Beklagte (Vertreter der Bundesrepublik Deutschland)*
- *Anwalt*
- *Protokollführer*

Im Gegensatz zu den Klägern /Zeugen treten die Obengenannten namenlos, nur in ihrer amtlichen Entsprechung, auf.

Die Anzahl (6 bis 12) und die Zusammensetzung der Geschworenen (die Jury wurde von beiden Seiten ausdrücklich gewünscht), alle sind sie Bürger der USA, wurden seitens der Klage und des Beklagten geprüft und letztes Endes beiderseits akzeptiert.

Da, nach Auffassung des Richters, in diesem Verfahren juristische und »ethnologische« Fragen auf besondere Weise miteinander verschränkt sind, hat er beiden Parteien empfohlen, diesen Umstand, im Sinne eines fairen Prozesses, bei der Auswahl der Geschworenen zu berücksichtigen.

Dem wurde entsprochen und so ergibt sich folgende Zusammensetzung der Geschworenen – der Jury:

1. *Herr Takoda Yazzi Minneconjou – Lakota- Sioux*
2. *Herr Kaya Brown   Eskimo / Alaska*
3. *Frau Lissy Smith   Afroamerikanerin / New York*
4. *Herr John Miller   Afroamerikaner / Alabama*
5. *Frau Elisabeth Heller   Utha*
6. *Herr Joseph Grossman   Kansas*

Sie sind unvoreingenommene, in der Verhandlung »namenlose« US-Bürger, deren persönlicher Hintergrund bei der Urteilsfindung keine Rolle spielen soll. Ihr Urteil muss am Ende allerdings einstimmig ausfallen, so sieht es die amerikanische Rechtsprechung vor.

Rechts und links neben dem Vorsitzenden nehmen die Geschworenen Platz. Links vom Vorsitzenden die Anwältin. Rechts der Angeklagte, davor dessen Anwalt. Vor dem Richter, ihm zugewandt, Tisch /Stuhl für den aufgerufenen Beklagten / Zeugen, eingerahmt von einem nach drei Seiten geschlossenen, feingliedrigen Geländer, Die Repräsentanten der Sammelklage (Kläger) sitzen rechts und links der Anwältin. Neben dem Richtertisch der Arbeitsplatz des Protokollführers. Rechts der Szenerie eine statische Kamera, im Verhandlungssaal ein herumwieselnder Kameramann, dessen Bilder (Großaufnahmen, mitunter verwackelt) für den Zuschauer auf Bildschirmen zu sehen sind. Die Person, die das Wort hat, ist in Großaufnahme zu sehen.

Am rechten Bühnenrand, im Halbdunkel, eine Krankenschwester in Schwesternkluft mit »Erste Hilfe Koffer«. Schon ein wenig in den Zuschauerraum hinein wurden die Prozessbeobachter auf einer Art Tribüne platziert. Sie kommen aus den ehemaligen deutschen Kolonien
Togo, Kamerun, Deutsch-Ostafrika (heute Tansania), Deutsch-Neuguinea (heute Neuguinea), Deutsch-Samoa (heute Samoa), Kiautschou (heute wie damals China).

Nach völliger Dunkelheit und Stille dämmert das Licht im Zuschauerraum langsam auf, bis zu einer Helligkeit, in der die nun von der Decke herabgelassenen Banner/ Fotos in angemessener Zeit gut wahrzunehmen sind.

Mit einem Schlaglicht wird der Gerichtssaal grell ausgeleuchtet. Das Licht im Zuschauerraum verblasst, das Licht im Gerichtssaal erreicht eine erträgliche Helligkeit, während der Vorsitzende mit den Geschworenen aus dem Bühnenhintergrund erscheint.

Das Hohe Gericht begibt sich hinter die Stühle. Ebenso Anwältin, Beklagter, dessen Anwalt, Protokollführer.

VORSITZENDER

Ich eröffne die Sitzung des US District Court, »District East-New York«,

des Bezirksgerichts des Stadtbezirkes New York-Ost. Ich bitte Sie, Platz zu nehmen.

Der Vorsitzende schüttelt seine Robe wie ein Gefieder zurecht, setzt sich ein wenig umständlich, alle anderen nehmen zurückhaltend, geräuschlos Platz.

Die Zuständigkeit des Gerichts für das Verfahren ergibt sich aus US-Recht, dem »Civil Produce« und hier speziell dem »28 U.S.C. § 1331« und folgende.

Zur Verhandlung stehen heute

Exzellenz, Herr Alfons Kaukamundu , Pensionär – 85 Paramount Chief der Herero, genauer der Ovaherero...

Mitbegründer des **»Wiedergutmachungskomitees Gerechtigkeit und Land«**

Michael Zareus, Unternehmer – 55
Sprecher des »**Wiedergutmachungskomitees Gerechtigkeit und Land**«

Hilde Karamanda, Krankenschwester – 50
Frauenvertreterin im »**Wiedergutmachungskomitee Gerechtigkeit und Land**«

Franz Naubahua, Farmer – 50
Urenkel von Chief Maximilian Naubahua
gegen
Bundesrepublik Deutschland
vertreten durch
Herrn Dr. Falkner
und den
Anwalt
Rechtsanwalt Dr. Freudenberg

Es ist die zweite Sitzung zum vorliegenden Sachverhalt. Der Vollständigkeit halber und für die Aufzeichnung stelle ich fest: Als Vertreterin der Klage ist auch heute erschienen Frau Dr. Sofia Thomson vom Anwaltsbüro Thomson & Partner. Das Gericht hat ferner entschieden, als Repräsentanten der Sammelklage drei der hier anwesenden Damen und Herren in der heutigen Verhandlung anzuhören. Damit ist die Gruppe der Kläger vor Gericht wohl angemessen vertreten.
Angeklagt ist die Bundesrepublik Deutschland als Rechtsnachfolgerin des Deutschen Kaiserreiches. Sie wird vertreten durch Dr. Kurt Falkner. Als Anwalt Rechtsanwalt Herr Dr. Hans Freudenberg.
Schaut in den Zuschauerraum.

Dr. Falkner, wenn Sie bitte hinter Herrn Freudenberg Platz nehmen würden? Danke!

Falkner betritt aus dem Zuschauerraum kommend, zügigen Schrittes den Gerichtssaal, deutet eine Verbeugung gegenüber dem Vorsitzenden an, nimmt hinter dem Anwalt Platz.

Die Zusammensetzung des Gerichts ist ihnen bekannt. Wie festzustellen ist, haben die Parteien besondere Sorgfalt bei der Auswahl der Geschworenen walten lassen, sich der Expertise ganz unterschiedlicher Jurymitglieder versichert.

Weiter mit Härte und Klarheit.

Zur Prozessbeobachtung haben sich Exzellenzen aus den ehemaligen deutschen Kolonien eingefunden – ich nenne die gegenwärtigen Namen

Togo, Kamerun, Tansania, Neuguinea, Samoa. Und China, genauer Kiautschou.

Ihm wird von hinten ein Zettel gereicht.

Wie ich eben erfahre, verzichten Togo und China auf eine herausgehobene Prozessbeobachtung. Ja.

Gibt es Fragen, Anträge, Einlassungen?

Die Anwältin schüttelt den Kopf.

Herr Anwalt?

ANWALT

Bitte ergänzen Sie, Herr Vorsitzender, Herr Franz Naubahua ist ebenfalls Mitglied des »**Wiedergutmachungskomitees Gerechtigkeit und Land**«

VORSITZENDER

Gut, Herr Anwalt, wir fügen das hinzu…

Wendet sich vom Protokollführer ab und Dr. Falkner zu.

Sie waren schon sehr jung Volljurist, Dr. Falkner. Alle Achtung!

Promoviert haben Sie zum Thema »Das Luxemburger Abkommen, dessen völkerrechtliche Relevanz mit dem Blick auf Osteuropa«.

FALKNER

Ja, das ist richtig.

Steht auf.

VORSITZENDER

Ich bitte Sie, ich bitte Sie! Behalten Sie doch Platz! Dieses Abkommen von 1953 bestimmte eine Entschädigungszahlung der Bundesrepublik Deutschland von 3,5 Milliarden DM an den Staat Israel sowie an die »Jewish Claim Conference«....Wenn ich mich recht erinnere, die Zahlung, eine erste Zahlung....

ANWALT

Herr Vorsitzender, ich kann nicht erkennen, welchen Sinn Ihre Fragen an meinen Mandanten haben. Er steht ja...

VORSITZENDER

Richtig, Dr. Falkner hat nicht *sich* zu vertreten, *er* steht nicht vor Gericht, sondern Ihr Land...Dr. Freudenberg...

Wieder an Dr. Falkner.

Später Treuhand, Restitutionsfragen, die DDR und deren Bürger betreffend. Deren ehemalige Bürger natürlich...Und seit fünfzehn Jahren arbeiten Sie im Auswärtigen Amt. Sehr erfolgreich, wie ich lesen konnte.

Die beiden Herren nicken sich in Sympathie zu.

VORSITZENDER

Entschuldigen Sie bitte die Abschweifung...

er schaut nach rechts und links zu den Geschworenen.

Keine Fragen? Gut. Frau Dr. Thomson, Frau Anwältin, beginnen Sie mit dem Verlesen der Klage. Bitte!

ANWÄLTIN

erhebt sich

Die 92 Seiten der Schrift liegen Ihnen als Sammel-klage vor. Angesichts dieser Tatsache und auch an-gesichts unseres ersten Termins, trage ich heute eine verdichtete Fassung der Klage vor.

Sie schaut den Vorsitzenden an, der blickt zu den Ge-schworenen, dem Anwalt – Kopfnicken, kein Wider-spruch.

VORSITZENDER

Bitte, bitte fahren sie fort!

ANWÄLTIN

Das Deutsche Kaiserreich trat, historisch gesehen, relativ spät als Kolonialmacht in Erscheinung. Auch in Afrika. Dann aber mit kaum zu überbietender Grau-samkeit. Besonders furchtbar gelten die Jahre von 1885 bis 1909. Das Deutsche Reich profitierte immens von der Ausbeutung der Kolonien. Betrachten wir die Periode in Deutsch-Südwestafrika von 1904 bis 1908 genauer, dann waren das wohl die schlimmsten Jahre, die afrikanische Völker je erlebten.

1904 – die Deutsche Schutztruppe trieb in der Schlacht am Waterberg das Volk der Herero in das wasserlose Omaheke Sandfeld. Die deutschen Mi-litärs gingen davon aus, dass die Wüste vollenden könnte, was die deutschen Waffen begonnen hatten: »die Vernichtung des Hererovolkes«. Zitiert aus den offiziellen deutschen Kriegsakten. Auf die Flüchten-den aus Sandfeld ließ von Trotha schießen. Ich zitiere seinen Vernichtungsbefehl.

«Die Herero sind nicht mehr deutsche Untertanen. Sie haben gemordet und gestohlen, haben verwundeten

27

Soldaten Ohren, Nasen und andere Körperteile ab-
geschnitten, und wollen jetzt aus Feigheit nicht mehr
kämpfen. Ich sage dem Volk: Jeder, der einen der
Kapitäne an meiner Station als Gefangenen abliefert,
erhält tausend Mark, wer Samuel Maharero bringt,
erhält fünftausend Mark. Das Volk der Herero muss
jedoch das Land verlassen. Wenn das Volk dies nicht
tut, so werde ich es mit dem Groot Rohr dazu zwin-
gen. Innerhalb der deutschen Grenzen wird jeder
Herero mit oder ohne Gewehr, mit oder ohne Vieh
erschossen, ich nehme keine Weiber oder Kinder
mehr auf, treibe sie zu ihrem Volk zurück oder lasse
auf sie schießen.«

Wer dem Vernichtungsbefehl entkam, wurde in Konzentrationslager gesperrt, zur Sklavenarbeit in Minen und beim Eisenbahnbau gepresst. Widerstand wurde willkürlich mit Auspeitschen, nicht selten mit Erhängen bestraft. Selbst den Toten versagte man die geringste Form von Achtung, Köpfe wurden von der sterblichen Hülle getrennt, zu Forschungszwecken ins Deutsche Reich geschickt.

Unruhe auf der Prozessbeobachterbank, die Anwältin unterbricht ihren Vortrag, bis Ruhe eingekehrt ist, schaut zu Dr. Falkner, dem Beklagten, hinüber.

Die Völker der *Herero und der* Nama erfuhren vor allem von 1904 bis 1908 Ausrottung durch militärische Gewalt, Vernichtung durch Arbeit. Damit nicht genug. Durch staatlich organisierten Landraub und den in aller Gründlichkeit betriebenen Viehdiebstahl wurden den überlebenden Herero, den Nama, die Lebensgrundlagen entzogen. Was ihnen blieb, war ein Leben als Arbeitssklaven unter der deutschen Kolonialmacht.

Es ist festzustellen: Der praktizierte Völkermord der Deutschen hat 1904 seinen Anfang genommen und erreichte im Holocaust seinen furchtbaren Höhepunkt. Nach anerkanntem Recht ist das Völkerrechtsubjekt »Deutsches Reich« nicht untergegangen, die Bundesrepublik Deutschland ist mit ihm im rechtlichen Sinne identisch. Die völkerrechtlichen Rechte und Pflichten des Rechtsobjekts sind in vollem Umfang erhalten geblieben.

Über eine entsprechende Erklärung des Deutschen Bundestags hinaus, sollte sich die Wiedergutmachung des historischen Unrechts auf die materiellen Schäden – Landraub, Viehdiebstahl – und auf die Folgewirkungen beziehen, die sich mit entsprechender Hilfe zumindest mildern lassen. Auf materielle Wiedergutmachung ist, mit Blick auf die massenhafte Verarmung beider Völker bis heute, zu bestehen. Aber Wiedergutmachung besteht für uns auch in der Begegnung der Betroffenen beider Seiten – auf Augenhöhe - über die sich eine gemeinsame Deutungs- und Zukunftsperspektive, wenn wir uns die Zeit dafür nehmen, erschließen lässt.

Mit einer angedeuteten Verbeugung gegenüber dem Richtertisch nimmt die Anwältin Platz.

VORSITZENDER

Danke, Frau Dr. Thomson!

Die Klage ist durch Beschluss des Bezirksgerichts vom Februar dieses Jahres zugelassen.

Der Schriftsatz im Wortlaut – bitte Band 2 der Prozessakten.

Der Vorsitzende schaut nach links und rechts zu den Geschworenen, dann wendet er sich dem Anwalt zu.

Zur weiteren Analyse der Tatbestandsmerkmale werden wir nun Repräsentanten der Sammelklage hören. *Anwalt und der Angeklagte verständigen sich, der Vorsitzende reagiert auf diese Unruhe.*

Herr Anwalt, soll ich ihre Bewegung als Wortmeldung verstehen?

ANWALT

Wenn Sie mich auf diese Weise aufrufen, ja. Zwei Einlassungen. Wenn Sie gestatten! Dieser Vernichtungsbefehl ist ein an Grausamkeit und Zynismus nicht zu überbietendes Dokument. Er entsprach dem Denken eines von Ehrgeiz zerfressenen, erfolglosen Offiziers und ist in dessen Schreibstube sieben Wochen nach der Auseinandersetzung am Waterberg entstanden! Sieben Wochen, da war Maharero mit seinen Leuten bereits im Betschuanaland. Hohes Gericht! Kaiser Wilhelm II. hat den Befehl, nachdem er davon erfuhr, kassiert.

VORSITZENDER

Ungeduldig, mit dem Blick zum Protokollführer.

Wir nehmen Ihre Einlassung zur Kenntnis. Übrigens eine in der letzten Verhandlung erläuterte Tatsache. Zum Teil jedenfalls. Tja.

War es das?

ANWALT

Meine zweite Bemerkung bezieht sich auf die durch die verehrte Frau Anwältin hergestellte Kontinuität zwischen den Verbrechen an den Herero, den Nama und dem Holocaust. Der Holocaust ist ein singuläres Ereignis, das in seiner menschenverachtenden Grausamkeit keinen Bezug, ja Vergleich zu anderen Verbrechen zulässt. Die Darstellung, dass die Deutsche Schutztruppe damals schon die ersten Konzentrationslager errichtete, ist, bei aller Achtung vor den Opfern, falsch. Die Erfinder der *Concentration Camps*, der Konzentrationslager, sind englische Militärs. Sie haben im sogenannten Zweiten Burenkrieg,1899 bis 1902 in Südafrika, Frauen, Greise, Kinder hinter Stacheldraht – in *Concentration Camps* – gefangen gehalten. Es gibt Historiker, denen es wohlfeil scheint...

Protest, Rufe im Zuschauersaal.

PROZESSBEOBACHTER TANSANIAS, HERR AKINOLA,

erregt

Wir im – damaligen Tanganjika – wir hatten Ihren Mörder Peters, vergessen, Herr Anwalt?!

VORSITZENDER

Ärgerlich in den Saal.

Halten Sie sich zurück! Ich bitte um Ruhe... Fahren Sie fort, Herr Anwalt, kurz bitte!

ANWALT

Historiker, meine ich, denen es wohlfeil erscheint, diesen Begriff auf die hier zu verhandelnden Vorgänge zu übertragen. Auf diese Weise werden, gewollt oder ungewollt, extrem negative Assoziationen ausgelöst, die das öffentliche Klima, das diesen Prozess begleitet, einseitig und letzten Endes zum Nachteil für das Verfahren insgesamt beeinflusst.

VORSITZENDER

Rückt in seinem aufkommenden Ärger auf dem Stuhl nach vorn.

Wollen Sie damit andeuten, dass das Hohe Gericht sich in, sagen wir, *semantischen Betrachtungen* verstricken könnte? Wir gehen von Tatsachen aus, Herr Anwalt!

ANWALT

Herr Vorsitzender, schon in der ersten Verhandlung wurde deutlich, dass alle an diesem Prozess Beteiligten sich äußerst gründlich in die Materie eingearbeitet haben, der Prozessverlauf hat sich bisher durch Fairness und durch die Bereitschaft, der Gegenseite wirklich zuzuhören, ausgezeichnet. Ich möchte mit meiner Einlassung dazu beitragen, ...

Anwalt hebt nacheinander zwei Zeitungen hoch, entfaltet die letzte.

...dass sich solche Schlagzeilen..

hebt die Stimme

...nicht wiederholen – eine der großen Zeitungen dieser Stadt schreibt

Liest vor.

...längst vergessen, aber schon am ersten Prozesstag wieder sichtbar- Mord und systematische Tötung von Gegnern war nicht nur Wesenskern der Hitlerei, der Nationalsozialisten. Menschenverachtung ist offensichtlich ein Grundzug des verbrecherischen deutschen Nationalcharakters von Anfang an...

Das, so etwas, Herr Vorsitzender, so etwas möchte ich nie wieder lesen!

Anwalt, sichtlich erregt, setzt sich, legt die Hände vor das Gesicht. Für einen Moment herrscht Betroffenheit im Saal.

Dem Vorsitzenden wird ein Zettel gereicht, er nimmt ihn zerstreut entgegen.

VORSITZENDER

Ja... ja, das liegt aber nicht in unserer Macht... Herr Anwalt.....Die Sicht der Presse ist mitunter eine eigenartige...

Schaut auf den Zettel, räuspert sich, wechselt abrupt das Thema.

Sie erinnern sich, Klage und Verteidigung hatten sich zu dem ungewöhnlichen Schritt entschlossen, zum Sachverhalt »Restitution – Landbesitz, im Kontext von Armutsbekämpfung« Dr. William Moyo, Professor an der Universität Stockholm und Dozent am »Land-Institut Sao Paulo / Brasilien«, als Sachverständigen zu hören.

Sein Gutachten liegt ihnen vor – Band 2 der Prozessakten, schauen wir mal, ja, Seite 120 bis 153. Er ist aus Sao Paulo angereist und bereit, seine Thesen hier vorzutragen, sich ihren Fragen zu stellen. Er sollte nach den Ausführungen der Kläger zu Wort kommen. Das ist ein Vorschlag.

Vorsitzender reicht den Zettel an den Protokollführer weiter, schaut sich um.

Anwaltschaft? Beklagter? Einverstanden? Gut, dann verfahren wir so.

Setzt sich auf seinem Stuhl zurecht.

VORSITZENDER

Als Repräsentanten der Klage erteile ich nun seiner Exzellenz Paramount Chief Herrn Alfons Kaukamundu das Wort.

Seine Exzellenz, mit äußerster Wertschätzung nehmen wir zu Kenntnis, dass Sie trotz Ihres hohen Alters die Strapazen einer langen Reise von Windhoek hierher auf sich genommen haben, um uns bei der Wahrheitsfindung ganz persönlich zu unterstützen. Bitte...

Er weist auf den traditionellen Platz des »Zeugens« vor dem Richtertisch.

KAUKAMUNDU

Kaukamundu trägt eine Uniform, wie sie von den Herero zu den otruppa – Manifestationen (Jahrestage, Begräbnisse u.ä.) getragen werden – Khakifarbener, englischer Militärrock mit Rangabzeichen, helle Hose, Schirmmütze, Leibriemen mit Schulterriemen.

Kaukamundu schleppt sich, um Würde bemüht, zum angewiesenen Platz.

Mehr zu sich selbst sprechend

Es war... weiß Gott ....eine wirklich lange Reise. Bis hier her...

VORSITZENDER

Nehmen Sie doch bitte Platz...

KAUKAMUNDU

Winkt mit schwacher Geste ab, bleibt stehen.

Es ist viel zu sagen. Ich will mich konzentrieren....Ja. Enkel sind häufiger mit den Großeltern zusammen als mit Vater und Mutter. Großvater starb, als ich vierzig Jahre alt war. Wir hatten viel Zeit miteinander.

Er hebt für einen Moment den Blick zur Decke.

Es würde ihm gefallen, dass ich jetzt hier bin. Er hat das alles erlebt.

Er strafft sich, der Vorsitzende nickt ihm aufmunternd zu.

Die weißen, deutschen Landvermesser kamen in unsere Werft, zu den Pontoks, an unseren Wohnplatz. Mit ihren Gehilfen. Sie trieben mit einem schweren Hammer Pflöcke in den Boden und gingen nicht mehr fort. Auf unseren Weiden bauten sie die Eisenbahn. Von Windhoek nach Swakopmund.

Genauer: Wir bauten sie. Wir mit unseren Knochen...!

Kommt mit seinem Bericht in Fahrt.

Dumm waren sie nicht, die Deutschen, ohne gutes Werkzeug keine ordentliche Arbeit. Großvater bekam sogar ein paar Lederstiefel – damit er den Spaten mit dem Fuß besser in den steinigen Boden treiben konnte. Festes Leder. Großvater war, als sie ihn zum Bahnbau wegholten, 15 Jahre alt. Groß war er schon und stark. Es begann aber alles schon viel früher.

Er wendet sich der Anwältin zu.

Unsere Leute erfuhren, dass Chief Samuel Maharero den Platz Otjosazu unter der Hand an die Deutschen verkauft hatte. Im November 1899. Die Pfarrer der Rheinischen Mission waren gegen den Verkauf von Hereroland an Siedler. In diesem Zusammenhang ist der Satz falsch, wenn schlaue Leute heute sagen: »Einst hatten wir das Land und sie die Bibel, nun haben wir die Bibel und sie das Land«. Die Missionare haben uns das Lesen gelehrt. So ist es nun einmal. Und die Blöße unserer Frauen bedeckten sie mit Kleidern in diesem viktorianischen Schnitt. Den wir heute noch mögen.

Er lächelt, schaut erst Hilde Karamanda und dann den Vorsitzenden an.

Aber ich schweife ab. Entschuldigen Sie, Herr Vorsitzender! Also. Mit der Eisenbahn wurde die Stadt Karibib gegründet und sie vertrieben uns von den Viehposten, den Wasserstellen, sogar von der Notweide. Nach Norden hin, zu den Otavibergen. Auch zwischen Otavi und Otjiwarongo rissen sie das Land an sich. Zerlegten es auf deutsche Art exakt. In rechteckige Fetzen zu fünftausend Hektar. Unser gutes Weideland! Hier schauen Sie!

Er zieht ein Blatt Papier aus der Westentasche, einen Kartenausschnitt, hält ihn hoch.

Rechteckig. Jedes Rechteck eine Farm. Mit Zugang zur Straße, auch zur Eisenbahn, dann später, mit der sie Milch und die Sahne ihrer Rinder transportierten. »Deutsche Erde« heißen sie noch heute, die Farmen und »Heilbronn« und »Rostock«...und so weiter, und so weiter, weiter, weiter, ja...

Hält erschöpft inne.

ANWÄLTIN

Mit besorgtem Blick auf Kaukamundu, sie will ihm eine Atempause verschaffen.

Mit der Namensgebung hatten sie es immer eilig, die Deutschen. Als sie sich 1899 in der Südsee, auf Neuguinea festsetzten, gab es dort bald ein *Kaiser-Wilhelm Land,* einen *Bismarck Archipel,* mit Inseln, die sie *Neu Mecklenburg, Neu Hannover, Neu Pommern...*

ANWALT

Herr Vorsitzender! Ich bitte Sie, was hat das mit dem zu tun, zu dem wir zusammensitzen?!

ANWÄLTIN

Sehr wohl Herr Kollege! Sie haben....

VORSITZENDER

Ohne Nachdruck.

Frau Anwältin, bitte bleiben Sie bei der Sache. Gern würden wir Ihrem Mandanten weiter zuhören...Bitte Exzellenz!

KAUKAMUNDU

Später wurde überhaupt nicht mehr verhandelt.

VORSITZENDER

Später? Können Sie uns ein Jahr nennen?

KAUKAMUNDU

1904. Ab der Mitte des Jahres. Unsere Brüder und Schwestern hatten sie am Waterberg hingestreckt.

Er weist mit der Hand zur Bank des Angeklagten.
Maschinengewehre. Feldgeschütze. Drauf, immer drauf und dazwischen. Auf die Frauen, die Rinder. Von oben, von der Koppi. Ja. Andere kamen um, im Sandfeld der Omaheke verdurstet.... auf die Haifischinsel verschleppt, gefangen, verhungerten sie in der Kälte. Zu hunderten, jede Woche...
Hält wieder den Kartenausschnitt hoch, ist in wenigen Schritten beim Anwalt, knallt ihm das Kartenblatt auf den Tisch, Gerichtsdiener eilen hinzu, im Hintergrund erscheint die Krankenschwester.
KAUKAMUNDU
Erregt.
Dafür habt ihr es getan. All das Böse! Bei uns, bei den Nama im Süden, ihr....
Er bricht seine Klage ab, zwei Gerichtsdiener führen den sichtlich erschöpften Kaukamundu an seinen Sitzplatz zurück.
VORSITZENDER
Exzellenz, wollen Sie fortfahren?
Kaukamundu nickt.
VORSITZENDER
Schaut in die Papiere.
Wir hören Ihnen zu....
KAUKAMUNDU
Wer übrig blieb, hatte kein Vieh, keinen Platz für die Frauen, die Kinder. Landlos, arm. Unser stolzes Volk wurde verhöhnt. Mein Vater arbeitete in der Kupfermine von Tsumeb. Wie andere Männer auch. Drei Tage unten, im Schacht, einen Tag im Licht. Jahr für Jahr...
VORSITZENDER
Ich lese...Sie, Ihre Familie, sie lebten später...sogar

bis 1990, in Okatoto. Von den Otavibergen nach Okatoto.....wie das?

KAUKAMUNDU

Mein Vater und sein ältester Bruder hatten einen Platz
mit gutem Wasser gefunden am Südhang der Otaviberge. Vor allen anderen. Schwer zugänglich für die
Siedler, dadurch wohl auch unentdeckt. Und die Deutschen hatten ja inzwischen den Krieg verloren. Den
1.Weltkrieg, der uns nicht interessierte..... Schwer zu
verstehen, was?

Er sieht sich nach allen Seiten zornig um.

Wir waren einfach noch zu müde. Von 1904 und danach....Wenige Kinder nur kamen über das erste Lebensjahr hinweg....

*Kaukamundu nimmt erneut Anlauf, fährt mit sicherer
Stimme fort.*

Die Buren, die nun als Sieger über die Deutschen das
Sagen hatten, ließen uns in unserem Elend gewähren,
schauten nicht so genau hin.

Wendet sich an den Anwalt.

Die waren nicht so emsig wie ihr .... Dann aber kamen
ihre Soldaten, in einer Art englischer Uniform, sie kamen natürlich als Sieger, die Buren. Statt Kommandos
in Deutsch nun Gebrüll in Afrikaans! Sie trieben uns
weg von der dürftigen Weide, nach mehr als dreißig
Jahren, weg von den Gräbern der Ahnen, die unsere
Tage dort am Fuße der Berge begleiteten.

Einen Tag Zeit gaben sie uns bis zum Aufbruch. Mit
dem heiligen Feuer, nur vierzehn *ozongombe* konnte
wir mitnehmen und ein paar Dutzend Bokkies.

*In seiner Erregung benennt er Rinder in der Sprache
der Ovaherero – ozongombe.*

Dann zehn Tage Richtung Nordost. Unter Bewachung. Soldaten. Wieder einmal. In Okatoto, das war ein Viehposten mit flachem Wasser, hatten sie Kamps markiert, die Vorhut der Soldaten.

Hier bleibt ihr und rührt euch nicht weg! Hieß es.

Ich war damals dreißig und wir hatten fünf Kinder. Hier bleibt ihr. Und wehe! Das war das Reservat *Hereroland West*. Die schlechteste Weide, die es in unserem Land gibt. *Homelands*. Es gab sie bald für alle. Für uns, für die Nama, die Damaras, eben für alle.

Nur die Weißen durften sich frei bewegen. Sie waren die Herren.

Wir waren wieder Gefangene im Land unserer Väter. Immer hungrig. Eine Schande. Wer konnte, bot sich auf den weißen Farmen als Arbeiter an.

Stutzt, besinnt sich.

Aber, was sage ich da – *weiße Farmen* – es gab ja nur *weiße Farmen*...die der Deutschen und die der Buren. Ja, deutsche Farmen, obwohl sie den Krieg verloren hatten!! Nur die politischen Deutschen hatten die Buren nach Deutschland zurückgeschickt. Ganz schnell fand Weiß und Weiß sich zusammen, gegen uns, fast immer.

Schweigt einen Moment, als müsse er nachdenken.

Später, in der Terriezeit, ging so mancher junge Herero zum Militär, tauschte seinen Kirri gegen eine Maschinenpistole der Südafrikanischen Wehrmacht. In ihrer Not...

Wendet sich mit müder Stimme Dr. Falkner zu.

Kein Ruhmesblatt, wahrhaftig !..Ja, ja ich weiß, was der deutsche Doktor jetzt sagen will – Schwarze gegen Schwarze! Auch noch unter dem Kommando der südafrikanischen Buren als Knechte der Apartheid, mancher sogar im Kommando der *Koevoets*, die ihr die *Schwarze Waffen – SS* nennt...

DR. FALKNER

Nein, Exzellenz, das alles wollte ich nicht sagen....*Sie* erinnern uns daran, stellen dankenswerterweise den Bezug zu den damaligen Verhältnissen her...

KAUKAMUNDU

An den Vorsitzenden.

Dort waren unsere Jungen die Letzten unter den Soldaten...die Allerletzten, aber immerhin brachten sie ein wenig Geld in ihre Familien, wenn sie Urlaub hatten....ja.

Wie der Geruch von Buschfeuern hängt uns heute noch die Armut in den Kleidern.

Er schaut an sich herab, nun müde, sich abstützend.

Und das Land unser Väter ist immer noch in weißer Hand....

Leise, mehr für sich

So regieren sie uns weiter, diese *ovirumbu*, diese Gelbgesichter..

Dann richtet er sich auf, mit fester Stimme.

Hohes Gericht! Wir fordern Gerechtigkeit, wollen unser Land zurück! Die Erde, in der unsere Ahnen ruhen, auf der wir mit unseren *ozongombe*, mit unseren Rindern, einst in Frieden lebten, wurde uns aus der Seele gerissen...

Wendet sich den Deutschen zu.

Ich kann nichts anderes mehr denken....Wir müssen diese Wunde schließen, damit die Toten zur Ruhe kommen und Kinder wieder Zukunft haben...Gott ist mit uns...

Mit Blick auf den Vorsitzenden.

Deshalb sind wir hier – im Namen der Herero, der Nama, der Gedemütigten fordern wir das!

Wieder neben der Anwältin Platz nehmend, in den Zuschauerraum hinein, mit Witz in der Stimme.

Und wenn sie dann gehen, sollen sie doch bitte ihr Pferd gleich mitnehmen!

Bückt sich, hebt eine Papierrolle vom Boden auf, entrollt ein großes Foto des Reiterdenkmals, des Deutschen Schutztruppenreiters, das Symbol deutscher Überlegenheit, das eben noch im Zentrum Windhoeks stand, nun auf dem Hof der Alten Feste in Windhoek, lächerlich abgestützt, seiner weiteren Verwendung harrt...

Heiterkeit bei Karamanda, Zareus, Naubahua. Prozessbeobachter klatschen Beifall. Der Vorsitzende für einen Augenblick irritiert.

VORSITZENDER

Exzellenz, wir danken Ihnen! Wären Sie bereit, noch Fragen zu beantworten?

KAUKAMUNDU

Überrascht, unsicher zur Anwältin schauend, erhebt sich.

Wenn es welche gibt.... Ja.....

VORSITZENDER

Bitte behalten Sie doch Platz. Bitte Dr. Falkner!

DR.FALKNER

Herr Vorsitzender! Exzellenz, nachdem Ihnen durch die Enteignung im Zuge des Eisenbahnbaus in Südwestafrika – beim Ausbaus der Infrastruktur des Landes – so bitteres Unrecht geschah, wofür ich mich namens meiner Regierung ausdrücklich entschuldige,

gelang es Ihnen, am Fuße der Otaviberge ein Auskommen zu finden. Ist das richtig?

KAUKAMUNDU

Ja, das ist richtig. Wir waren fast dreißig Jahre dort, am
Fuße der Berge, unsere Toten sind dort begraben....

DR.FALKNER

Dann, unter der Treuhandschaft Südafrikas, unter der
Südafrikanischen Administration, wurden Sie ins Reservat, ins *Homeland Herero West*, getrieben. Exzellenz, wie ging es Ihnen dort?

KAUKAMUNDU

Herablassend.

Aber das wissen Sie doch!

VORSITZENDER

Exzellenz, wenn Sie bitte die Frage beantworten würden...

KAUKAMUNDU

Schlecht ging es uns! Ein Elend...Wir fanden uns im
Winter auf leerem Feld wieder. Schwaches Wasser.
Vier Kinder unserer Familie, ich erinnere mich genau, vier, starben bald nach der Ankunft... Meine Frau
ebenso, an Auszehrung....

DR. FALKNER

Mit angedeuteter Verbeugung zu Kaukamundu.

Ich danke Ihnen, Exzellenz!

VORSITZENDER

Er übersieht die Wortmeldung des Anwalts.

Kommen wir nun....

ANWALT

Herr Vorsitzender...

VORSITZENDER

Ja, bitte, was gibt es?!

Mit einem Blick zur Anwältin, sie nickt kaum merklich.
ANWALT
Wir möchten seiner Exzellenz noch eine Frage stellen.
Ein wenig ironisch.
Wenn Sie erlauben....
VORSITZENDER
Nur zu, Herr Anwalt...
ANWALT
Tritt an die Barriere, fixiert Kaukamundu.
Seine Exzellenz! An das *Homeland Herero West*, in dem Sie nun, unter strengen Auflagen der Südafrikanische Regierung, unter den demütigenden Bedingungen der Apartheid leben mussten – elend wie Sie sagten, wieder Jahrzehnte, bis 1990, bis zur Unabhängigkeit – grenzte das Buschmannland, das Homeland der San, der Khoi. Wie kamen sie miteinander aus?
KAUKAMUNDU
Ausweichend.
Das waren weite Flächen. Öde bis zum Horizont. Mageres Veld über hundert, vielleicht einhundertzwanzig Kilometer.... Kahler Busch, Weißdorn, die wenigen Bäume schon vor uns abgeschlagen...
ANWALT
Die Nachbarschaft mit den Buschmännern meine ich... Das Zusammenleben mit ihnen, auch über die Entfernung....
KAUKAMUNDU
Meinen Sie etwa, man kann mit denen *zusammenleben*? Mit *denen*? Die kennen keine Regeln, keine...
Seine Geringschätzung kaum zügelnd.
Schon in der ersten Woche fehlten uns zwei Beester...Sie sind geschickt, diese Khoi, sehr sogar... Legen

Schlingen. Mit Pfeil und Bogen jagen sie die magersten Ratten...

ANWALT

Danke, Exzellenz!

Anwalt geht an seinen Platz zurück. Kaukamundu verlässt im Gang eines alten Menschen den Zeugenstand, wird dann von einer Frage des Anwalts eingeholt.

ANWALT

Exzellenz, entschuldigen Sie bitte...

Kaukamundu stutzt, schaut den Anwalt an.

KAUKAMUNDU

Ja?!

ANWALT

Exzellenz, in einem Ihrer jüngsten politischen Statements schreiben Sie, ich zitiere: »...Wenn die deutsche Regierung nicht auf Augenhöhe verhandeln will, holen wir uns das Land eben ohne Verhandlungen...« Ende des Zitates.

Anwalt ist an den versteinerten Kaukamundu herangetreten, redet ihn regelrecht klein.

Verzeihen Sie, Exzellenz, wie soll das gehen? Die weißen Familien runter von der Farm, raus aus den Häusern, raus und auf die Pad? Mit Bettzeug, Möbeln, Hund....obdachlos im Land, das auch das ihre ist, doch, doch, auch das ihre, sie haben kein anderes, Exzellenz! Es ist deren Heimat. ..Und das, weil sie Afrikaner deutscher Zunge sind? Eigentlich Verfassungsbürger Namibias...nun plötzlich Bürger zweiter Klasse, wollen Sie das?

Kaukamundu lässt den Anwalt stehen, geht langsam zu seinem Platz zurück.

ANWÄLTIN

Wir verwehren uns gegen diese Respektlosigkeit! Das ist ja unglaublich!

VORSITZENDER

Einwand stattgegeben.

Anwalt will neu ansetzen.

Nein, Herr Anwalt!

Wir fahren fort.... und hören nun Frau Hilde....

Er blättert in den Papieren.

Frau Hilde Karamanda. Frau Karamanda, ist es Ihnen recht, wenn Sie hier vorn Platz nehmen?

Karamanda erhebt sich von ihrem Platz, rafft ihr Kleid und ist schon unterwegs zum Zeugenstuhl.

KARAMANDA

Ein wenig gefallsüchtig, ihre Weiblichkeit ins Spiel bringend – Strategie gegenüber »höhergestellten« Männern.

Komme gern nach vorn, verehrter Vorsitzender!

Nimmt Platz, schaut den Vorsitzenden aufmerksam an, sucht zu Dr. Falkner Blickkontakt.

Frau Karamanda, Sie wurden in Ababis geboren.

KARAMANDA

Ja, im Namaland, am Rande der Namib, auf der Farm Ababis. Heute eine fette, fette, weiße Gästefarm. Ababis...

VORSITZENDER

Wie kamen Sie dann nach Walvis Bai, ins Militärhospital der Südafrikanischen Wehrmacht...als Angestellte.

KARAMANDA

Ausweichend.

Meine Familie, wir kommen aus Kamharus, am Löwenrivier, nahe Keetmanshoop...Keetmanshoop war furchtbar!

Vom Löwenrivier hat man uns verjagt. Großvater schon. Das Land ging an die Buren. Wir ins Namahomeland. Keine Arbeit. Aber in Ababis gab es welche. Für Vater bei den Pferden. Als wir älter wurden, auch für uns. Rosalind kam übers Wochenende. Von Walvis Bai. Auf der C14 immer geradeaus. Gravelroute. Fünf Stunden. Mein Bruder Joseph war dann, an diesen Tagen, ihr Bambuse und mir half sie bei den Schularbeiten. Es gab dort eine Farmschule...

VORSITZENDER

Wenn Sie bitte meine Frage beantworten würden...

KARAMANDA

Setzt sich wieder zurecht.

Ja. Entschuldigen Sie...Dr. Rosali Woodland war Militärärztin bei den Südafrikanern in Walvis Bai. Eine schöne Frau....Nach Ababis kam sie wegen der Vögel, sie war Hobbyornithologin, an den Wochenenden, wenn sie vom Dienst wegkonnte.

Karamanda lebt regelrecht auf.

An einem Sonntag sagte sie, Hilde, aus Dir muss was Ordentliches werden! Vater war froh und sie nahm mich mit in ihr Hospital. Sie hat alles geregelt. Alles. Das war 1985. Von den Verwundeten, die nicht aufstehen konnten, die Schieber auswaschen, das war eklig. Tote waschen...junge Männer.... Aber ich habe durchgehalten! Verlangt wurde dann von mir eine Ausbildung als Sanitäterin. Militärisch. Bis Rosali mich als Krankenschwester- Anwärterin anforderte, für ihre Station. Mein Medikamentendiebstahl flog auf. Schmerzmittel vor allem, für unsere Guerillas. Bevor sie mich holen konnten, brachte mich Rosali in den Hafen, zwei Fischer mit dem Boot setzten mich in Swakop ab. Dort traf ich auf Joe, ein Kommandeur der PLAN, der Guerilla. Rosalis Hubschrauber wurde eine Woche später von uns abgeschossen. Als wir hinkamen, waren alle schon tot. Obwohl es nicht gebrannt hatte. Wir hatten nun auch jede Menge Medikamente....aus dem Sanitäts-Hubschrauber....Es war Krieg....

ANWÄLTIN

Unruhig, ordnet nervös ihre Papiere.

Herr Vorsitzender wir.....ich meine...

VORSITZENDER

Ja, Frau Anwältin....aber ich denke, es ist gut, mehr vom Leben der Kläger zu erfahren.

Frau Karamanda, Sie bezeichnen sich selbst als »Politische Aktivistin«. Der von Ihnen organisierte »*Occupied Day*« in Windhoek für die Rechte der Herero und der Nama, hat Sie bis zu uns in die Staaten bekannt gemacht...

ANWÄLTIN

Herr Vorsitzender, Hohes Gericht, wenn Sie gestatten, dazu gibt es Aufzeichnungen aus der Deutschen Botschaft, die wir gern zeigen würden...

VORSITZENDER

Schaut zu den Geschworenen, zum Angeklagten, zum Anwalt, zustimmendes Nicken allerseits.

Bitte, Frau Anwältin!

Für alle einsehbar, wird von der Decke eine Projektionsfläche herabgelassen, das Licht wird heruntergedimmt.

Das Video läuft an.

Blick einer Überwachungskamera in einen Versamm-

lungsraum mit Präsidiumstisch, im Hintergrund die deutsche und die namibische Flagge im Fahnenstän-der. Hinter dem Tisch, vor den Flaggen, Hilde Ka-ramanda, die erregt auf den deutschen Botschafter einredet, der zu beschwichtigen versucht, aber von Karamanda durch energische Gesten abgewiesen wird. Hererofrauen in Tracht schieben sich an den Tisch heran, bedrängen den Botschafter verbal und körperlich, der ist dem offensichtlich nicht gewach-sen.

Video:

Karamanda: » ... warum wollen Sie das nicht hören? Herr Botschafter?! Warum?

Botschafter: » Wir haben Sie hereingelassen, weil wir den Dialog...«

Karamanda: » Wir sind gekommen, weil wir endlich Antworten wollen, Antworten wollen wir, jetzt! Ihre Se-curity konnte uns nicht stoppen. Niemand kann uns stoppen, niemand! Weder mit diplomatischen Noten, die uns verhöhnen, noch mit der Polizei! Und unten auf der Straße stehen noch mehr! Wenn Sie uns nicht zuhören, steigen wir in die Autos und holen uns das Land von Ihren deutschen Farmern....Gehen Sie ans Fenster (will den Botschafter am Ärmel zu den Fens-tern ziehen), gehen Sie! Sehen Sie auf die Straße! Wie heißt es in Deutschland: WIR sind das Volk!

Botschafter (macht sich los): Frau Karamanda, wir soll-ten in Ruhe die Dinge besprechen...

(wird vom Prostest der ca. zehn Frauen, die mit Kara-manda in die Botschaft eingedrungen sind, übertönt, sie beginnen zu singen, die Aufzeichnung bricht ab. Licht an.)

ANWÄLTIN

Sanft.

Herr Vorsitzender, sehen Sie es dem Temperament meiner Mandantin nach, wenn sie die üblichen Formen des Umgangs kreativ erweitert hat....

Mit zunehmender Schärfe.

Wir möchten, Hohes Gericht, wir möchten – Herr Anwalt, darf ich um Ihre geschätzte Aufmerksamkeit bitten – dass alle sehen, welchem Leidensdruck meine Mandantin, eine erfahrene Frau, Abgeordnete des namibischen Parlaments, unterliegt, wenn sie sich solch unkonventioneller Mittel bedienen muss, um die deutsche Regierung zum Handeln zu bewegen! Und, Herr Dr. Falkner,

Wendet sich direkt an Dr. Falkner.

ich mag mir nicht vorstellen, was passiert, wenn die namibische Zivilgesellschaft landesweit das Anliegen unserer Mandanten durch Aktionen unterstützt. Der Zorn ist groß! Und Sie, Dr. Falkner, die Bundesrepublik, trügen dann die Verantwortung für das, was dann geschieht...

ANWALT

Herr Vorsitzender..

VORSITZENDER

Bitte, Herr Anwalt....

ANWALT

Im Interesse eines kooperativen Klimas verzichten wir darauf, Ihre Auslassungen, geschätzte Kollegin, um nicht zu sagen Ihre Drohung, zu bewerten!

KARAMANDA

Zur Anwältin.

Was maßt der sich an...! Bull shit...

ANWALT

Herr Vorsitzender, wenn Sie gestatten, würden wir das Hohe Gericht bitten, sich auch den zweiten Teil besagter Videoüberwachung anzuschauen...

VORSITZENDER

Wenn es einen zweiten Teil gibt, bitte!

Anwalt übergibt dem Gerichtsdiener einen Stick, nimmt von dem die Fernbedienung des Wiedergabegerätes entgegen, das Licht wird schwächer.

Video der Überwachungskamera (überlappend zum ersten Teil):

Karamanda: „Gehen Sie ans Fenster (will den Botschafter am Ärmel zu den Fenstern ziehen), gehen Sie! Wie heißt es in Deutschland: WIR sind das Volk!"

Botschafter (macht sich los): „Frau Karamanda, wir sollten in Ruhe die Dinge besprechen..."

Er wird vom Prostest der Frauen, die mit Karamanda in die Botschaft eingedrungen sind, durch deren Gesang überstimmt. Als Hilde Karamanda sich dem Botschafter zuwendet, erstirbt der Gesang sofort.

Karamanda: „Herr Botschafter – ja oder nein? Ja oder nein? Wie viele Jahre besprechen wir schon in Ruhe? (Erregt, ihre Stimme wird unangenehm schrill)

Fünf, zehn, fünfzehn ? Und nun noch einmal zehn, ja? Den Juden, Herr Botschafter..."

Der Botschafter versucht eine beruhigende Geste

„Nein, ich lasse mich nicht beruhigen...Den Juden, denen hat Deutschland sehr schnell eine sehr, sehr großzügige Wiedergutmachung zugestanden. Bis heute geht das. Finanziell und auf andere Art. Sie schenken Ihnen sogar U-Boote! Aber uns halten Sie hin! Wir wissen warum! Weil wir schwarz sind (schlägt sich

hysterisch auf die nackten Arme) Schwarz, schwarz, schwarz, schwarz.... Weil wir die dummen Schwarzen sind!"

Die Frauen beginnen wieder zu singen, der Botschafter erwehrt sich der körperlichen Nähe, wendet sich der Tür des Versammlungsraumes zu, Karamanda ruft ihm etwas Unverständliches nach.

Die Videoaufzeichnung bricht ab. Licht an.

VORSITZENDER

Ist das nun alles, Herr Anwalt, oder müssen wir mit einem dritten Teil rechnen?

ANWALT

Verblüfft über die offensichtliche Absicht des Vorsitzenden, auf das Video nicht einzugehen.

Nein...

VORSITZENDER

Also nicht. Fahren wir fort!

Karamanda, strafft sich, lächelt.

Frau Karamanda, Sie sagten Keetmanshoop sei furchtbar gewesen. Wenn ich das richtig verstanden habe, lebten Sie aber vor allem in Ababis und dann in Walvis Bai..

KARAMANDA

Mit einem Blick zu Dr. Falkner, will sich vergewissern, ob er zuhört.

....Meine Urgroßmutter, meine Großeltern wurden dienstverpflichtet, bei der Deutschen Schutztruppe, Keetmanshoop, in der Kaserne, im Lazarett. Die Soldaten waren nicht fein, wenn sich jemand Hafer von den Pferden genommen hatte, weil der Hunger so groß war. Wer konnte, der floh, in die Karasberge, irgendwo hin...Nur weg! Manchen fingen sie wieder ein,

wer zurückschlug, wurde erschossen, erhängt. Großvater erzählte, manchmal hingen drei, vier an einem
dicken Ast. Sie blieben dort zur Abschreckung, einen
Tag und noch einen. Meine Urgroßmutter, acht Kinder
hat sie geboren, fünf begraben. Sie war eine tapfere
Frau. Aber von Keetmanshoop hat sie sich nie wieder
erholt....

*Karamanda blickt zum Vorsitzenden auf, in der Hoff-
nung, dass er ihren Monolog beenden möge, der aber
nickt ihr aufmunternd zu.*

Sie musste bei den Verwundeten arbeiten. Putzen,
würden wir heute sagen.... Auf einem Hof, etwas ab-
seits vom Lazarett, verpackten Soldaten Schädel in
Holzkisten. Für das Anatomische Institut Berlin, zum
Beispiel. Das habe ich später erfahren...Die Köpfe
hatte man Erhängten abgeschnitten. Namafrauen
mussten das Fleisch von den Schädeln schaben. Der
Reihe nach, auch meine Urgroßmutter. Mit Scherben
zerschlagener Bierflaschen ging es am schnellsten,
die lagen so gut in der Hand...Schultheiß Brauerei Berlin. Braune Flaschen, für Sammler heute eine Rarität...
Plötzlich, ja da...hatte sie...

*Karamanda holt tief Luft, richtet sich auf, schaut zur
Decke.*

Plötzlich hatte sie den Kopf ihres Nachbarn in der
Hand, Matthäus. Obwohl das Fleisch durch das Ko-
chen in den großen Bottichen sich zum Teil schon...
schon... gelöst hatte, erkannte sie ihn wieder. ..Sie
brach zusammen, die Soldaten schleiften sie in den
Schatten, eine andere unserer Frauen wurde an den
Platz geholt....

Karamanda entnimmt ihrer Handtasche eine Post-

karte, *legt sie vor sich auf den Tisch, mit fester, ruhiger Stimme.*

Das ist eine *Postkarte*, eine *Feldpostkarte der Deutschen Schutztruppe* – Grüße aus Deutsch-Südwestafrika an die Heimat! Die Frau, die neben den Soldaten kauert, schabt Schädel ab. Sie haben es fotografiert.... die Deutschen. Für die Heimat....Es ist meine Urgroßmutter....

Hilde Karamanda wird von der Erinnerung überwältigt, legt die Arme auf die Einfriedung des Zeugenstandes, lässt den Kopf auf die Arme sinken.

Dr. Falkner hat sich erhoben, erstarrt für einen Augenblick in Betroffenheit, in wenigen Schritten ist er am Zeugenstand, stützt sich mit beiden Armen ab, lässt erschüttert den Kopf hängen. Ihre Köpfe berühren sich für einen Augenblick. Zwei Menschen sind sich plötzlich sehr nah.

Der Saal still, in der Erwartung, dass Falkner auf die Knie sinkt....Die Anwältin ist schnell an Hilde Karamandas Seite, nimmt sie in den Arm.

Der Anwalt, eben noch gelähmt, stürzt zu seinem Mandanten, legt Dr. Falkner die Hand auf die Schulter, der erhebt sich, geht wie benommen an seinen Platz zurück. Die Anwältin führt Hilde Karamanda aus dem Zeugenstand heraus.

Anwältin und Anwalt haben die alte Schlachtordnung wieder hergestellt. Der Moment der Annäherung, Versöhnung – verpasst.

Gerichtsdiener nimmt die Feldpostkarte vom Boden auf, legt sie dem Vorsitzenden auf den Tisch. Eine der Geschworenen verbirgt still weinend ihr Gesicht in den Händen.

TRIBÜNE DER PROZESSBEOBACHTER – DER MANN AUS TANSANIA, HERR AKINOLA

Wie von Sinnen schlägt er auf die Barriere vor ihm ein, brüllt unvermittelt in die Stille des Saales.

Wir dürfen sie nicht davonkommen lassen...niemals...! Herr Vorsitzender....

Drängt in die Mitte Gerichtssaales, zwei Gerichtsdiener halten ihn sanft zurück, Unruhe im Saal.

VORSITZENDER

Er ist froh, dass er den Namen des Mannes sofort in seinen Papieren gefunden hat und dass er mit einem Ordnungsruf die Spannung im Saal auflösen kann, um mit der Verhandlung fortzufahren.

Herr Akinola, bitte...Herr Erasmus Akinola aus Dar es Salaam, bitte behalten Sie Platz. Dieses Verfahren verlangt uns allen sehr viel ab, von uns allen... wenn ich Sie bitten darf...

Akinola schüttelt die Gerichtsdiener ab, fährt sich mit der Hand über den Jackenärmel, als habe er sich beschmutzt, nimmt unwillig wieder hinter der Barriere bei den Prozessbeobachtern Platz, im Saal wird es still.

VORSITZENDER

Wir haben noch ein ordentliches Stück Arbeit vor uns... meine Damen und Herren...

Blättert in einem Ordner, liest.

Herr Naubahua und dann Prof. Moyo mit seinem Gutachten....Herr Naubahua, wenn Sie bitte so freundlich wären...

Deutet auf den Zeugenstuhl, Franz Naubahua begibt sich an den Platz, bleibt stehen.

Setzen Sie sich doch bitte...Herr Franz Naubahua ...1968 in Kombat, Namibia, geboren, Ihre Familie lebte dort seit 1965 in einem Compound, einer bewachten Massenunterkunft für Bergarbeiter,...zuvor, über Generationen, in Omaruru, angestammtes Siedlungsgebiet der Ovaherero, lese ich....Omaruru, ein klangvoller Name.....ist das so richtig?

NAUBAHUA

Das ist korrekt, Herr Vorsitzender!

VORSITZENDER

Von Geburt Ihres Großvaters an war es für ihre Familie nicht leicht, in Omaruru zu leben.

Vergewaltigungen durch die Schutztruppe, Kinder, die dann geboren wurden...

NAUBAHUA

Herr Vorsitzender, ich muss hier `was richtigstellen... meine Urgroßmutter Maria hatte auf der Missionsstation lesen und schreiben gelernt. Auf der Station wurden auch verwundete Soldaten gepflegt. Unter ihnen der Reiter der Schutztruppe Alfons Bitterwasser aus Potsdam-Novalis. Ein Dromedar- Hengst hatte ihn in die Schulter gebissen.

VORSITZENDER

Neugierig.

...ein Dromedar in Südwestafrika...Herr Naubahua....

NAUBAHUA

In aufkommender Erzähllaune.

Ja! Die hatten sie von den Kanarischen Inseln geholt. Weil sie mit wenig Wasser auskommen...Wir, die Ovaherero, wir nannten das Jahr ...ich glaube es war...ja, das Jahr 1900 ... wir nannten es *Ojongamero Ovendi, Das Jahr des Kamels!* Wahrscheinlich, weil es plötzlich für uns so viele waren. Vorher gab es nur die Ochsen und die Pferde, Maultiere noch....

VORSITZENDER

Etwas konzentrierter. Bitte...

NAUBAHUA

Urgroßmutter und Alfons Bitterwasser freundeten sich an, was zur Versetzung des Reiters auf den nördlichen Außenposten führte... sie schrieben sich Nachrichten... hier, einer der gefundenen Zettel meiner Urgroßmutter *NAUBAHUA zeigt eine Plastikhülle mit einem Zettel hoch und versucht, einen besonderen Ton zu finden.* »Lieber, Sontach nach Andacht am Omataka-Posten«. *Legt die Hülle mit dem Zettel ab.*

Dann kam Großvater zur Welt. Sie haben ihn in den Pontoks versteckt. Gott sei Dank war er nicht so hell wie befürchtet. Urgroßmutter hatte es schwer, aber sie konnte ihn bis ins zweite Lebensjahr stillen. Bitterwasser hat erst 1954 erfahren, dass er einen Ovaherero-Sohn hatte. In Potsdam, er erfuhr es über die Rheinische Mission. Und so, meine ich... entschuldigen Sie,..... sind wir alle Brüder und Schwestern. Wir, meine Familie, wir sind, wenn Sie so wollen, Schwarze auf weißem Grund. Leben auf zweierlei Sternen. Es hat uns fast zerrissen, über die Jahre. Und geschadet hat es uns mehr als genutzt. Den Gedanken der Brüderlichkeit, auch im christlichen Sinne, aber geben wir nicht auf, unter uns erst recht nicht....

Er weist mit einer leichten Geste auf Dr. Falkner und den Anwalt, wendet sich für einen Moment der Anwältin zu. Hilde Karamanda hält es nur mühsam auf dem Platz.

Das gehört eben auch zu uns, geschätzte Frau Anwältin....als ich bei den Hüttners, dem Deutschen, auf »Alte Erde«, nun schon Jahre nach der Unabhängigkeit, als Vorarbeiter begann, die Arbeit ein wenig besser zu organisieren, damit es für uns leichter würde, attackierten mich meine Kollegen – willst wohl ein «White Foot« werden, willst Du das? «White Foot« – dieser dumpfe Hass...

KARAMANDA

Aufgebracht.

Was soll dieses Gerede, Franz? Bringt es unser Land zurück? Erreicht es auf Deine *sanfte Weise* Wiedergutmachung für das, was die da uns angetan haben? Niemals! Sieh sie Dir doch an...

Wütend auf Dr. Falkner und den Anwalt zeigend, die sitzen versteinert auf ihren Plätzen.

Die lachen doch über uns, über Deine Geschichten! Was ist in Dich gefahren Franz? Was? Bist Du verrückt geworden?

NAUBAHUA verlässt den Zeugenstand, bleibt vor Hilde Karamanda stehen.

NAUBAHUA

In den Schrank, die AK, das Sturmgewehr, Hilde, in den Schrank und zu das Ding ...*National Reconciliation,* nationale Versöhnung – vergessen? *Heal our Land,* Unser Land heilen...nicht mehr im Kopf? Stelle Dir einen Moment vor, nur einen Moment, was bei uns geschieht, wenn alle Ansprüche anmelden...die Rehobother, die Sans, die Damara, die Caprivianer, die Tsawa....und die auch durchsetzen wollen...

Ruhiger

Mein Gott – wir alle haben nur dieses einzige, dieses schöne, grimmige Leben.

Berührt fast zärtlich ihre Schulter, mustert lächelnd ihr Kleid, schaut sie an.

Du magst doch das Schöne, willst nicht den Krieg zurück, der ein ganz anderer wäre....

Wieder im Zeugenstand, verhalten.

Wir wollen ihn alle nicht...einen neuen Orlog. Zwischen Oranje und Kunene, zwischen Kalahari und Ozean.....

Nachdenklich, schaut die Anwältin an.

Ovaherero, weiße Afrikaner deutscher Zunge, Kho-iKhoi gelber Haut...Mir scheint, äußere Merkmale... das *Biologische* erlangt plötzlich wieder Bedeutung! Welch' Wahnsinn, Frau Anwältin..

Wendet sich wieder an Hilde Karamanda.

Wo führt das hin? Und welches sind die wirklichen Gründe für unsere unterschwellige Wut...Und Hass ist kein Konzept...

Besinnt sich auf seinen Auftrag vor Gericht.

Ich will natürlich...ohne Frage, ich will, wie Du Hilde, ein klares Wort der reichen Euro-Deutschen von drüben. Ein faires Miteinander – als Brüder und Schwestern. Im weitesten Sinne. Aber ich will fürs Morgen streiten, verstehst Du, nicht in einem fort über gestern reden....

VORSITZENDER

Herr Naubahua, wir haben Ihnen in Geduld zugehört.... Sagen Sie mir nun, wie sind Sie Farmer auf »Alte Erde« geworden, einer wohl einst deutschen Farm?

NAUBAHUA

Mit sechzehn wollte ich weg von unseren Pontoks, vom Müll, von dieser Kack- Schule vor allem, vom Gerede....man müsste, man sollte, man könnte...Bei einem Besuch meines Onkels nahe der angolanischen Grenze hörten mein Cousin und ich, dass die SWAPO uns Jungen nach Angola bringen würde, wenn wir nur wollten. In ein besseres Leben...Wir schlichen nachts zum Treffpunkt.

Es war kein Gerücht. Sie waren tatsächlich da, mit ihren Jeeps. Zwei Tage später gehörten wir zum elften Platoon des Boys-Camps im Flüchtlingslager Kwanza-Sul, Angola.

VORSITZENDER

Das hört sich nach Militär-Camp an...

NAUBAHUA

Nein. Wir waren in einem von den Vereinten Nationen unterstützten Camp. Waren dort nicht mehr die *ovatjimba*, die verarmten Herero....Von der Schule weg waren wir allerdings nicht.... Da gab es Klassenräume mit allem Drum und Dran. Die Lehrer kamen aus dem Osten Deutschlands. Ich machte meinen Abschluss, bekam einen der begehrten Studienplätze. In Leipzig-Markkleeberg lernte ich Landwirtschaft. 1991 kam ich zurück, arbeitete acht Jahre als Farmarbeiter auf »Alte Erde«. Das war Knochenarbeit, Tag für Tag.

Als Hans Hüttner, der Farmer, nach seinem ersten Herzinfarkt verkaufen wollte, gab er mir einen Tipp. Ich bewarb mich, bekam den Zuschlag. Mit Unterstützung der *Landbank* ging es dann los.

Ich erfüllt eben alle Kriterien, die von der Landkonferenz für die Übergabe einer Farm an Neufarmer zu erfüllen waren. Es gab mehrere Bewerber.

ANWALT

Dem diese Geschichte offensichtlich nicht passt, bissig.

So viel Glück....und dann traten Sie in die SWAPO, in die Regierungspartei ein...

NAUBAHUA

Herr Anwalt... ich bin ein guter Farmer, ich muss nicht in eine Partei eintreten!

ironisch

Wie ist das bei Ihnen?

ANWALT

Was meinen Sie?

NAUBAHUA

Ich meine....sind Sie – Anwalt in einer Staatssache – sind Sie in *der* Partei?

Heiterkeit im Saal

NAUBAHUA

Sympathisch, souverän weiter.

Zwei Jahre hat mich Emil Scholz von nebenan als Mentor begleitet. Scholz, deutscher Farmer auf »Regenstein«. Siebentausend Hektar. Rinder, Bramahneneinkreuzung. Auf meine Bitte betreute er mich ein Jahr länger....

Lächelt, in guter Erinnerung.

Das war ein absoluter Glücksfall für mich...in jeder Hinsicht....dort habe ich meine spätere Frau Betty kennengelernt – Emils Tochter, ja.....Wie Sie wissen, ist sie heute auch hier.

Wendet sich kurz, mit einem Lächeln, seiner Frau zu.

KAUKAMUNDU

Unaufgefordert.

Ich als Chief... wir als traditionelle Autoritäten, wir haben Naubahuas Antrag auf den Erwerb dieser Farm natürlich sehr unterstützt... Landreform, einer von uns nun Farmer!

VORSITZENDER

Danke, Exzellenz für die Ergänzung...ja, Herr Anwalt?

ANWALT

Gestatten Sie eine Frage.... Exzellenz, Sie haben also direkten Einfluss auf die Landvergabe an Landlose, an Neufarmer?

KAUKAMUNDU

Misstrauisch.

Warum fragen Sie? Worauf wollen Sie hinaus?

Kaukamundu schaut die Anwältin an, die nickt ihm zu.

Es ist ganz einfach: Nach dem Prinzip »Willing Seller – Willing Buyer« – williger Verkäufer, williger Käufer, werden immer wieder Farmen frei. Dann kann jeder, der 18 Jahre alt ist, bei seinem Chief, beim »Regional Resettlement Commitee«, einen Antrag zum Erwerb dieser Farm stellen...Wir prüfen und leiten den Antrag an die Regierung weiter...

ANWALT

Wer über die Verteilung von Land verfügt, ist sehr mächtig, Exzellenz, sehr. Sehe ich das richtig?

KAUKAMUNDU

Unwirsch.

Unsere Traditionen....Sie wissen nichts, überhaupt nichts und sitzen hier.... Sie, mit Ihren Paragrafen...

Knurrend.

Es stimmt, wenn unser alter Präsident einst feststellte, er kenne keinen Deutschen im Lande, der auch nur einen Sack Sand mit nach Namibia gebracht hat...

VORSITZENDER

Einlenkend.

Exzellenz, wir danken Ihnen sehr...Herr Naubahua bitte....

NAUBAHUA

Regen im September und Januar, in zwei der ersten

Jahre, es war ein Segen....Ja, wir haben gut gewirt-
schaftet. Ein fester Stamm von Arbeitern, nur einen bei
der Übernahme entlassen, bezahlt, so gut es ging....
Die Kredite abgelöst....die Landbank zufriedenge-
stellt....

VORSITZENDER

Ja, bitte Frau Anwältin!

ANWÄLTIN

Wie schon erwähnt, steht uns glücklicherweise eine
Fernsehdokumentation zur Verfügung, die eindrucksvoll die Arbeit von Herrn Naubahua beschreibt... dürfen wir, Herr Vorsitzender?

*Gerichtsdiener übergibt die Fernbedienung an die An-
wältin, die Projektionsfläche wird herabgelassen, das
Licht heruntergedimmt.*

VORSITZENDER

Bitte, Frau Anwältin!

*Professionelle Aufnahmen. Feier zu Ehren von Franz
Naubahua und seiner Frau – ein Jubiläum, zwanzig
Jahre bewirtschaftet Naubahua erfolgreich »Alte
Erde«. Die Aufnahmen zeigen einen kleinen Festplatz
vor dem alten Farmhaus, Partystimmung. Fünf ausge-
sucht schöne Frauen in der traditionellen Hererotracht
singen, unterbrochen von eigenen, schrillen, begeis-
terten Trillern, einen Lobgesang auf das Farmehepaar,
das mit freundlichen Männern mittleren Alters – der
Landwirtschaftsminister und seine Begleitung – der
traditionellen Huldigung zuhört. Sie singen das alte
Orlog-Lied:»Wem gehört das Hereroland – Uns gehört
das Hereroland....«. Schnitt. In einem der Rinderkamps.
Naubahua und der Minister lachend, mit erhobenen
Armen inmitten einer Herde gutgenährter Rinder. Als*

sie sich von den Tieren lösen, geht Kaukamundu mit
offenen Armen auf Naubahua zu, umarmt ihn fest und
herzlich. Blick auf eine Tränke, an der gepflegte Rinder
saufen. Sonnenuntergang hinter einer Schirmakazie.
Gesang. Im Gerichtssaal wird es wieder hell.

ANWÄLTIN

Hohes Gericht, das ist nur *ein* Ausschnitt der Realität, die da heißt: Wenn meine Mandanten endlich die
Chance bekommen, auf eigenem Grund und Boden
zu wirtschaften, wird es nicht nur ihnen, sondern dem
Land insgesamt besser gehen. Franz Naubahua hat es
mit seinem Team eindrucksvoll bewiesen. Ich danke
Ihnen!

ANWALT

So einfach ist das wohl nicht, geschätzte Kollegin! Die
jüngsten Zahlen... von 544 Neufarmern scheiterten
199.... An die fünfzig Prozent konnten ihre Kredite nicht
mehr bedienen. Die »Alte Erde«, gut gehalten, meine
Hochachtung, Herr Naubahua! In aller Aufrichtigkeit...
Herr Vorsitzender, gestatten Sie eine Frage an Herrn
Naubahua?

VORSITZENDER

Bitte!

ANWALT

Herr Naubahua, das war sicher eine sehr, sehr schöne
Feier, mit dem Landwirtschaftsminister, mit Exzellenz
Kaukamundu. Ihr Mentor und deutscher Schwieger-
vater aber war nicht im Bild...

NAUBAHUA

Mit einem flüchtigen Lächeln zu seiner Frau neben der
Anwältin.

Ja, es hat uns allen gut getan, die Wertschätzung

unserer Arbeit. Emil, mein Schwiegervater, dem hätte es bestimmt gefallen, steckt ja auch viel von ihm, von seinen Anregungen, seiner Erfahrung, in dem, was wir auf der Farm geschafft haben. Leider ist er vor zwei Jahren verstorben.

ANWALT

Das tut mir leid für Sie, bringt mich aber auf meine Frage: Haben Sie jemals daran gedacht, als Mentor Neufarmern den Anfang leichter zu machen? Oder wäre vielmehr nicht jeder erfolgreiche Neue für Sie auch ein neuer Konkurrent auf dem umkämpften Fleischmarkt, zum Beispiel?

NAUBAHUA

Herr Anwalt, mein Gott...wie wenig Sie von uns wissen.... Ich habe über die Jahre versucht, fünf, nein es waren sechs, sechs jungen Leuten als Farmer auf die Beine zu helfen. War *Mentor*, wie sie es nennen. Wir Ovaherero kennen dieses Wort nicht. Wir sagen – der Bruder hilft dem Bruder, egal woher er kommt, aus welcher Familie...

ANWALT

Und, werden die sechs Männer, vielleicht ist sogar eine Frau dabei, werden die auch bald ein Jubiläum feiern?

NAUBAHUA

Nachdenklich.

Nein, leider nicht alle...

ANWALT

Geht es etwas konkreter?

ANWÄLTIN

Herr Anwalt, ich muss doch wohl bitten...!

NAUBAHUA

Schon gut, Frau Anwältin..

Mit Ironie

Er interessiert sich für unser Leben...der Herr Anwalt... Also: Jerome farmt nahe Outjo, Rinder, drei-
hundertfünfzig, ohne die Absetzer. Andreas auf »Waterbron«, hat gerade vier Rinder und acht Bokkies
durch Löwen verloren. Seine Frau Philipina arbeitet
auf der benachbarten Gästefarm als Köchin, sonst
kämen sie wegen der Kredite nicht über die Runden...Dann Hidipo. Ehemaliger PLAN-Commander,
Guerilla. Der hat seine eintausend Hektar nach drei
Jahren ohne Regen »untervermietet«, verpachtet.
Ich konnte ihn nicht davon abhalten. Das bringt ihm
mehr Geld, als das eigene Wirtschaften. Das ist doch
Wahnsinn! Er verwaltet jetzt eine chinesische Farm.
Wein, Tafeltrauben, auch für Ihren Weihnachtstisch,
Herr Anwalt...Am Fluss, im Süden, an der Grenze zu
Südafrika, am Oranje. Edward, ja der, der sitzt sich
im Ministerium den Hintern breit, er hat es einfach
nicht geschafft. Der Stress mit der Trockenheit. Die
Farmgrenze an der Transitstrecke, am Trans-Kala-
hari-Highway, dadurch immer wieder Viehdiebstähle,
Kampf mit der Bank um Kreditverlängerung. *»Landgerechtigkeit auf Pump, immer und ewig... ich halte
das nicht durch«,* so sein bitterer Kommentar, als er
die Schlüssel der Farm dann doch dem Bankange-
stellten übergeben musste. Zehn Farmarbeiter verloren dabei ihren Job. Und ihre Familien auch den
Wohnplatz. Einen Tag und einen Abend waren wir
betrunken...Seine Frau war vorher schon ab nach
Omaruru...Ja...Aber, aber, das hatte auch sein Gu-

tes, er kannte *Jemanden*: Nun ist er dort im kühlen Haus des Ministers einer von uns – mit Händen wie Schaufeln und einem äußerst scharfen Verstand.... einer der wenigen Praktiker unter den Fat Cats mit ihren Hobby-Farmen...

Naubahua hält inne, überlegt, mag eigentlich nicht weiterreden, dann mit belegter Stimme.

Und Salomon, Sali...ja, Sali, der hatte im Caprivi, am Okavango, begonnen. Ganz etwas anderes, aber gut gestartet.....Tomaten, Gurken, Gemüse...Aber er lebt nicht mehr. Aids. Ja....und vom letzten der sechs, von dem fehlt jede Spur...

ANWALT

Spitz.

Alles Ovaherero, Herr Naubahua, alles Nama?

NAUBAHUA

Gereizt.

Alles Berliner, alles Rheinländer, alles Schwaben, alles Sachsen, oder was? Namibia heißt: » *One Nation*«...ist das so schwer zu verstehen?!

VORSITZENDER

Meine Herren....dann wollen wir...

Wird auf die Wortmeldung von Michael Zareus aufmerksam.

Ja, bitte, Herr Zareus!

ZAREUS

Erhebt sich.

Wenn Sie erlauben, Herr Vorsitzender, möchte ich als Sprecher des **Wiedergutmachungskomitees** an die Erwartungen, die unser Volk an dieses Verfahren knüpft, erinnern. Ich erinnere...

Anwalt blättert scheinbar desinteressiert in den Pa-

pieren, Zareus hebt die Stimme, wendet sich an den Anwalt.

Herr Anwalt, Sie sollten genau zuhören! .....Ich sage Ihnen, wenn der Landhunger unserer Leute nicht befriedigt wird, wenn geraubtes Land nicht an die zurückgeht, denen es genommen wurde, ist der innere Frieden bedroht!

Schaut kämpferisch in die Runde

Ich versuche in aller Zurückhaltung daran zu erinnern und ganz gelassen zu bleiben, obwohl mir furchtbare Bilder vor Augen stehen.... Dabei ist die Landreform nicht mehr als die unvollkommene Vollstreckung historischer Gerechtigkeit. Aber sie ist nur eine Form des Ausgleiches, nur eine! Es ist unbedingt – das ist unsere feste Überzeugung – es ist darüber hinaus über eine gerechte Entschädigung zu reden! Und das bitte sehr konkret...

Anwalt will Zareus unterbrechen.

Ja, ja, ich weiß, Herr Anwalt, jetzt kommt der Verweis auf die Entwicklungshilfe Deutschlands! Ich sage Ihnen, mein Herr, ich sage Ihnen das ganz persönlich – für mich ist Ihre Entwicklungshilfe kein Akt der Barmherzigkeit! Überhaupt nicht! Der Geldtransfer bestärkt mich darin, dass Sie uns was schuldig sind und zeigt gleichzeitig, dass Sie im Inneren schon längst begriffen haben, dass Deutschland zahlen muss!

VORSITZENDER

Herr Zareus, ich komme auf den ersten Teil Ihrer Einlassung zurück. Sie heben, namens Ihres Komitees, ausdrücklich auf materielle Entschädigungsleistungen ab?

ZAREUS

Mit Verlaub, Herr Vorsitzender, ich möchte lediglich auf unsere Entschädigungsforderungen aufgrund kolonialer Gewalt noch einmal, und das sehr eindringlich, hinweisen... Es geht um die Anerkennung des früheren Schadens und der daraus resultierenden Armut bis heute... Ich danke Ihnen!

Zareus nimmt demonstrativ Platz.

ANWALT

Herr Vorsitzender, ich erlaube mir eine Bemerkung... um den ökonomischen Aspekt richtig einzuordnen...Im Ausgang des 1. Weltkriegs hat das Deutsche Kaiserreich am neunten Juli 1915 in Südwestafrika kapituliert, am 16. August war das Land vollständig von Südafrikanischen Truppen besetzt.... Für den deutschen Fiskus war Deutsch-Südwestafrika bis zum 1. Weltkrieg eine Zuschusskolonie. Die von den Deutschen ausgebaute, hervorragende Infrastruktur – Eisenbahnen, von Nord nach Süd, von Windhoek an den Atlantik, das Telegrafennetz, die medizinische Versorgung – kostete Geld. Als sich diese Investitionen auszuzahlen begannen, übernahmen die Südafrikaner die Macht, die Ökonomie. Vom Tag der Kapitulation an, erst recht, als Südafrika 1919 vom Völkerbund als Mandatsmacht für Südwestafrika bestellt wurde, lag nun auch die Verantwortung für das soziale Wohlbefinden der Menschen des Mandatsgebietes in Händen der südafrikanischen Administration. Und das von 1919 bis 1990...bis zum Erlangen der staatlichen Unabhängigkeit!

Betty Naubahua-Scholz hält es nicht auf dem Platz, die unterbricht den Anwalt laut.

NAUBAHUA –SCHOLZ

Herr Anwalt… es fällt mir schwer, an mich zu halten… Entschuldigen Sie, Herr Vorsitzender…

VORSITZENDER

Gütig.

Schon entschuldigt…bitte!

NAUBAHUA –SCHOLZ

Herr Anwalt, ich bin empört…Sie kennen doch die Zahlen….Bleiben Sie doch bei der Wahrheit! Die Deutschen, ja auch meine Vor-Vorväter, holten aus dem Land `raus, was möglich war. 1913 zum Beispiel …in der Statistik waren wir schon immer gut…1913 standen von den 205 642 Rindern 89 Prozent auf weißen Farmen! Ungefähr drei Prozent…..drei Prozent der Tiere, nur 6200, wenn ich richtig überschlage, gehörten den ursprünglichen Viehzüchtern – den Herero und Nama! Ja, da waren dann noch die Steinchen! Zwanzig Prozent der Diamanten- Weltproduktion kamen 1913 aus Südwest….beste Qualität! Die Schwarzen, die Colloured, die krochen auf Knien durch den Sand, die weißen Chefs kassierten… Alles klar, Herr Anwalt?!

ANWALT

Natürlich, liebe Frau Naubahua-Scholz….

NAUBAHUA –SCHOLZ

Was ich aber eigentlich sagen wollte, Herr Vorsitzender – die hier angeführte *materielle Wiedergutmachungsleistung* enthält, aus meiner Sicht, auch die *Anerkennung, Opfer historischen Unrechts* zu sein! Das ist von ziemlicher Bedeutung für die ganz persönliche Selbstwahrnehmung der Betroffenen…. auch wenn vieles scheinbar weit zurückliegt. Das wollte ich noch hinzufügen….

VORSITZENDER

Danke! Meine Damen, meine Herren... wir haben die Repräsentanten der Sammelklage gehört. Sind Sie einverstanden, wenn ich nun den Gutachter aufrufe und ihn um seinen Vortrag bitte?

Vorsitzender schaut sich aufmerksam um, lässt sich Zeit.

Keine Einwände. Dann bitte ich Herrn Dr. William Moyo, Professor an der Landwirtschaftlichen Fakultät der Stockholmer Universität und Forschungsdirektor des « Land-Instituts Sao Paulo/ Brasilien«, nach vorn.

Dr. William Moyo begibt sich schnellen Schrittes aus dem Zuschauerraum in den Zeugenstand. Moyo, ein großer schlanker Mann, sportlicher Typ, fast elegant, vierzig Jahre alt, zurückhaltende Körpersprache.

Dr. Moyo, bitte!

MOYO

Hält nur wenige Blatt Papier in den Händen, beginnt mit angedeuteter Verbeugung.

Hohes Gericht, Herr Vorsitzender, meine Damen und Herren,

Er schaut in die Runde, schaut auch zu den Prozessbeobachtern hinüber.

das Gutachten liegt Ihnen vor. Ausführlich, einschließlich der Quellenangaben. Ich wurde gebeten, heute lediglich den Kern unserer Einschätzung vorzutragen. Das ist mir eine große Ehre und ich hoffe, dass wir Sie mit unserer Arbeit »Restitution – Landbesitz, Armutsbekämpfung, im Kontext von Wiedergutmachung« unterstützen können. Behutsam tastet sich das Hohe Gericht vor – es ist ein äußerst schwieriges Terrain. Mit unserer speziellen Expertise wollen wir helfen, die Fallen, die hier am Wege zur Gerechtigkeit liegen, rechtzeitig zu erkennen. Wir wollen unseren fachspezifischen Beitrag leisten. Recht hingegen spricht am Ende das Hohe Gericht.

Frantz Fanon, dieser unbestechliche Analytiker der Verhältnisse zwischen Dritter Welt, wie er es nannte, und der Westlichen Welt, stellte im Zusammenhang Befreiung – Land fest, »Für das kolonialisierte Volk ist der wichtigste, weil konkreteste Wert, zuerst das Land...«

Dieser Erfahrung folgend, forderte die erste Landkonferenz Namibias nach dem Erreichen der Unabhängigkeit »Gebt das Land zurück an das Volk!« Es wird auf das »angestammte Land« verwiesen, das zurückzugeben ist...

Karamanda fällt ihm enthusiastisch ins Wort.

KARAMANDA

Mit einem Blick zu Dr. Falkner

Endlich spricht es jemand klar aus! Endlich – auch hier, an diesem Ort – danke Professor!

MOYO

Überrascht.

Sehr geehrte Frau Karamanda, mit Hochachtung und Sympathie verfolge ich Ihr Engagement, Ihre Emotionen kann ich durchaus nachvollziehen. Aber treten wir einen Schritt zurück und schauen in die Arena: Im Zentrum der Reform stehen die *»Weißen Farmer«* mit ihrem in der Regel aus der Kolonialzeit herrührenden Landbesitz. Als *white settlers*, so muss ich gegenwärtig erfahren, gehören sie eigentlich nicht nach Namibia, ja sie gelten immer noch als Stellvertreter des Kolonialismus, nach all diesen Jahren! Und unter moralischem Aspekt wurden sie auf dem Höhepunkt der hitzigen Debatte gar als Täter gesehen – sie besitzen zu große Teile Namibias.

Nur, wenn wir das Land dem Volk zurückgeben wollen, ist zu fragen, sind die »Weißen Farmer« nicht Teil des namibischen Volkes, als Afrikaner weißer Haut und manchmal auch deutscher Zunge? Es mag für manchen schmerzhaft sein, aber wir sollten so fragen!

Sie sind doch *selbstverständlich* Verfassungsbürger! Sie genießen den Schutz jener Verfassung, die sich das unabhängige Namibia in freier Entscheidung gegeben hat, und die garantiert mit dem Artikel 16 den Schutz des Privateigentums.

KAUKAMUNDU

Genervt

Mein Herr, ich höre Ihnen ja zu.... Aber was erzählen Sie da! Sie verlangen von uns, den Ausgeraubten, dass wir die Räuber auf Knien bitten, uns das Geraubte zurückzugeben!

Wir sind dafür in den Orlog gezogen! Wir sind die Sieger, aber immer noch nicht Herren unseres Landes!

Müde

Seit dem Tag der Unabhängigkeit 1990 – das wissen wir doch alle hier – seit 1990 sind lediglich zwanzig Prozent des weißen Farmlandes in schwarze Hände geraten...

Mit kräftiger Stimme.

Nein, wenn es sein muss – Enteignung! Eine geänderte Verfassung wird das bald möglich machen.... Entschuldigen Sie Herr Vorsitzender....

VORSITZENDER

Geht nicht auf Kaukamundu ein.

...Möchte die Parteien durchaus ermuntern, Herrn Professor Moyo zu befragen. Professor, das ist doch sicher auch in Ihrem Sinne?

MOYO

Selbstverständlich, Herr Vorsitzender!

Übersehen wird mitunter, was mich überrascht, dass nahezu fünfzig Prozent der landwirtschaftlich nutzbaren Fläche Namibias sich nördlich der sogenannten Roten Linie, in der oberen Hälfte des Landes, im Ovamboland befindet! Ein unverstellter Blick auf die Karte genügt....In der blutigen Geschichte von Landraub und Landverlust fiel das Land nördlich dieser Linie, das Ovamboland, nie unter die koloniale Landnahme. Steht also, nach der herrschenden Diktion, nicht zur Verteilung. Solle es aber, unter dem Gesichtspunkt der Landgerechtigkeit, heute nicht doch eine Rolle spielen?

Nehmen wir in diesem Zusammenhang den Titel »angestammtes Land«. Soll doch wohl heißen: Das war schon immer unser!

Was ist damit gemeint, war schon immer *unser*? Wie weit gehen wir zurück?

Überhaupt: Ist das die richtige Frage? Wen schließt es ein, wen schließt es aus? Mit welchen Konsequenzen für die *Einheit der Nation*?

Ein Vertreter der Damara auf der Landkonferenz meinte sogar, dass die Damara neben den San die einzigen seien, die auf namibisches Land Ansprüche erheben dürften, *da sie vor den Nama, Herero, Ovambos und Deutschen in diesem Gebiet gelebt hätten.....*

KARAMANDA

Abfällig.

Der Mann hat sich längst korrigiert! Das ist Ihnen wohl entgangen, im fernen Sao Paulo...

MOYO

Geschätzte Frau Karamanda, schauen wir uns doch gemeinsam an, wovon wir reden und möglicherweise unser Urteil ableiten.....Ich muss, um mich verständlich zu machen, einen Schritt zurückgehen...Ursprünglich bekam das Land im heutigen Namibia seine Struktur durch Wasserstellen, durch Brunnen. Nicht durch Grenzsteine und Kampzäune. Besitztitel? Die sind den Menschen in der Kolonialzeit, von außen, aufgedrängt worden. War überhaupt nicht Teil ihrer Kultur. Es entspricht heute noch der tiefen Grundüberzeugung der Ovaherero, wenn es heißt »Wo mein Vieh weidet, ist Herero-Land!«......

KAUKAMUNDU

Fühlt sich angesprochen, erhebt sich in Würde.

Und dieses Land ist durch die Ahnen geweiht....

MOYO

Ohne auf Kaukamundu einzugehen.

Privatbesitz war unbekannt. Die Chief, die *ovahona*, verteilten nicht *Eigentum*, sie vergaben lediglich *Nutzungsrechte,* in der Regel innerhalb ihres Clans...

KAUKAMUNDU

Als stände er mit Moyo im Dialog.

Ja, das ist richtig, die Chiefs, wir, wir sagten, geht dorthin und dorthin nicht, da sind die anderen, da ist die Weide schon schlecht! Richtig, Professor, wo wir mit unseren Rindern sind, da ist Herero-Land!

MOYO

Möglicherweise wurden die Flächen aber eben noch

von den Nama bewirtschaftet, oder die Mbanderu waren gerade weitergezogen....

Gute Weide, schlechte Weide, starkes Wasser, schwaches Wasser – das waren die Kriterien! Es gab keinen Besitz an sich.

Da wird *angestammtes* Land mehr zu einem Gefühl...

ZAREUS

Mit Verlaub, Herr Vorsitzender...

VORSITZENDER

Bitte, Herr Zareus....

ZAREUS

Herr Professor, wie können Sie davon sprechen, Land sei ein Gefühl? Land ist doch eine sehr handfeste Sache!

Die Ökonomen nennen es sogar *Produktionsmittel*...

Für uns Herero aber ist es viel mehr! Land ist die Lebensgrundlage unserer Rinder und unsere Rinder sind Teil unserer Identität!

Bis heute und so wird es bleiben, trotz Toyota, Internet und Cellphon!

Land, Herr Professor, ich bitte Sie! Entweder man hat es, oder man hat es nicht....

MOYO

Sehr geehrter Herr Zareus, es geht mir um den Begriff des *angestammten* Landes. Mein Gutachten ist vom Bemühen getragen, für Sie, für das Hohe Gericht, noch einmal die Fallen, die Sie, davon bin ich überzeugt, selbstverständlich kennen, noch einmal zu benennen...

Möglicherweise dabei Kampfbegriffe, die in Zeiten von Wahlen, öffentlicher Einflussnahme, politischer Auseinandersetzung im Umlauf sind, auf ihren Gehalt zu hinterfragen. Wünschen Sie, dass ich das genauer ausführe?

ZAREUS

Nein. Danke Professor!

MOYO

Ihre Frage gibt mir die Möglichkeit, ein weiteres Glied der Argumentationskette zu benennen. Um den gesellschaftlichen Vorgang der gerechten Landverteilung herum ist vom *Landhunger* der Bevölkerung die Rede....

Der Begriff suggeriert: Gebt dem Landhungrigen Land, dann wird er satt. Erinnern wir uns an Frantz Fanon und lesen die zweite Hälfte des Satzes:

»Für das kolonialisierte Volk ist der wichtigste, weil konkreteste Wert, zuerst das Land: das Land, das das Brot und natürlich die Würde sichern muss.«

Fanon betont die Bedeutung von Land weil es »....*das Brot und die Würde* sichern muss«!

Im Umkehrschluss: Landlos, gleich Armut, gleich Hunger? Zieht die Umverteilung von Land zwangsläufig die Minderung von Armut nach sich?

KARAMANDA

Empört.

Welche Frage Professor! Die *Weißen Farmer*, die Besetzer, ja ich sage ganz bewusst die *Besetzer* namibischen Bodens, die sind doch die Reichen unseres Landes!

MOYO

Ich bitte Sie sehr, geehrte Frau Karamanda, schauen wir uns die Realität an – der Abstand zwischen arm und reich hat sich in Namibia in den letzten zehn Jahren ziemlich vergrößert.

Sechzig Prozent der ländlichen Haushalte stehen,

umgerechnet, weniger als zwei US Dollar für das tägliche Leben zur Verfügung....600.000 Menschen leben heute in 230 Informellen Siedlungen, ohne Landrechte. ....Das sind annähernd dreißig Prozent der Bevölkerung Namibias... Das heißt, ein Drittel in Slums, in Squatter Camps, Kinder...

KAUKAMUNDU

Erregt, springt auf.

Sie wollen uns unser Leben erklären, ja? Uns hinters Licht führen! Es geht um die Schuld der Deutschen, darum geht es...

Ringt einen Moment um Luft.

Was, was ...erlauben Sie sich!

Schaut hilfesuchend den Vorsitzenden an.

VORSITZENDER

Beide Parteien haben in den Vorgesprächen um die Ausführungen des Gutachters gebeten...

Wendet sich der Anwältin zu, die unaufgefordert kommentiert...

ANWÄLTIN

Ja, wir brauchen die unabhängige Expertise, um zu einer klaren Entscheidung zu kommen...

VORSITZENDER

....Die Sicht auf die Dinge ist naturgemäß unterschiedlich...Fahren Sie bitte fort, Professor!

MOYO

Danke! ....Den Benachteiligten, zum Beispiel den aus den Informellen Siedlungen, ihnen will die Regierung mit unterschiedlichen Programmen zu Land verhelfen. Dem Prinzip *Williger Verkäufer – Williger Käufer* folgend, kauft sie mit staatlichem Geld Farmen auf, strukturiert sie in ökomische Einheiten, vergibt dieses

Land dann auf Pachtbasis an landlosen Namibier für neunundneunzig Jahre.

In den letzten fünf Jahren hat die Regierung zu diesem Zweck lediglich 155 Farmen erworben.

KARAMANDA

Unruhig, mit verhaltener Empörung.

Wir kennen das alles, Herr Professor, auch Ihr Gutachten....Das dauert alles zu lange...ist zu kompliziert! Unsere Leute verlieren die Geduld!

MOYO

Da stimme ich Ihnen zu. Absolut! Mehr als fünfundzwanzig Jahre Unabhängigkeit....! Das zu beschleunigen ist Sache des Staates und kann hier, entschuldigen Sie bitte, nicht unser Gegenstand sein... Behalten wir die Armutsbekämpfung als zentrale Aufgabe im Auge und sehen wir uns ein Beispiel an.

Nehmen wir eine aufgekaufte Farm von 8.000 Hektar. Sie wird in acht ökonomische Einheiten gegliedert. Acht Familien vormals Benachteiligter, sagen wir mit jeweils fünf Personen, werden, nachdem sie ausgewählt wurden, angesiedelt, Pachtland. Neufarmer, vor allem aus Informellen Siedlungen der Städte, in der Regel ohne Eigenkapital. Ziel ist die Selbstversorgung. Fleisch, Milch. Zu mindestens...

Die Neufarmer finden sich ohne Erfahrung in der Landwirtschaft auf zu kleinen Flächen wieder, die Landarbeiter der ursprünglichen Farm aber, im Beispiel vielleicht sechs Leute mit Familien, verlieren mit der Umverteilung ihre Arbeit *und* ihren Wohnplatz! Die acht Neufarmer leben selbst am Limit, können sie nicht mit durchschleppen. Und Anspruch auf Landbesitz haben die Farmarbeiter nicht, so im Moment die Gesetzeslage. Sie landen auf der Straße, verlieren Arbeit und Wohnung – sie sind die *neuen* Armen.

Entrollt ein Schaubild, das die Zergliederung einer Farm in kleine ökonomische Einheiten zeigt.

Sehen Sie, fünfzig Münder müssen nun auf den acht ökonomischen Einheiten satt gemacht werden! Um zu investieren, in Vieh und Ausrüstung, fehlt das Geld, ihre Kreditwürdigkeit steht in Frage. Die simple Reparatur einer Wasserpumpe, das Auswechseln einer Manschette wird wegen des fehlenden Geldes zur Existenzfrage. Die Folge: Die acht Familien leben als Resettlement-Farmer von der Substanz der ursprünglichen Farm, ist die aufgebraucht – Schluss, vorbei – jetzt hungern sie wieder! Nun aber auf eigener Scholle! Es können auch ganze Farmen über verschiedene Förderprogramme an Neufarmer, ehemals Benachteiligte, verkauft werden. Deren Problem besteht in der Regel dann darin, möglichst über den Eigenbedarf zu produzieren, um die Kreditlast zu bedienen. 2004 musste man feststellen, dass von 544 dieser Farmen, knapp zweihundert ihre Kredite nicht zurückzahlen konnten! Reichtum hatte sich für die »Begünstigten« trotz Schinderei über Jahre und langem Arbeitstag nicht eingestellt!

Das Land, nun Eigentum der Bank, wurde auf Auktionen versteigert, es kam nicht selten in die Hände der Reichen städtischer Herkunft. Das ist die Realität....

Auch die neue Elite gehört – *laut Gesetz, ja, laut Gesetz* – zu den potentiell Begünstigten, weil sie in der Kolonialzeit benachteiligt wurde....

Unruhe auf der Prozessbeobachterbank, auch bei Kaukamundu.

Die einstigen Neufarmer, lassen Sie mich das noch sagen, nun durch die Pleite ruiniert, ihre Landarbeiter in der Regel wieder auf der Straße, oder schlechter bezahlt beim neuen »Neufarmer«..... Vermindert Landvergabe, in der bisherigen Praxis, die Armut wie erhofft?

Er wendet sich verständnisvoll Kaukamundu zu.

Exzellenz, über die Notwendigkeit einer gerechteren Verteilung von Land besteht kein Zweifel. Wenn aber die Umverteilung von Land grundsätzlich als Voraussetzung für die Akzeptanz der gesellschaftlichen Ordnung gesehen wird, ist ein Staat, dem es so geht, in einer sehr schwierigen Lage....

Sie, Exzellenz, mit Ihrer politischen Erfahrung und auch wir, als Wissenschaftler, müssen mit dem Blick in die Welt feststellen, dass es verheerend ist, wenn, um eines politischen Prinzips wegen, man mit dem ökonomischen Selbstmord spielt....

Vorsitzender bemerkt die Wortmeldung Naubahuas.

VORSITZENDER

Ja, bitte, Herr Naubahua!

NAUBAHUA

Herr Professor, wir fordern die Bundesrepublik Deutschland unter anderem zu einem strukturierten Dialog unter dem Gesichtspunkt der *restorative justice*, so nennen es die Rechtsgelehrten wohl, unter dem Gesichtspunkt der symbolischen und auch der *materiellen Entschädigung* auf – letzteres meint natürlich auch *Geld*....

Vom Austausch politischer Verlautbarungen haben wir die Nase voll, ja, wirklich....Lässt sich, nach Ihrer Erfahrung, Professor, die Umverteilung von Land nicht durch ein kluges System, das die Zahlung der Deut-

schen einschließt, nicht doch noch – ökonomisch ver-
nünftig – bewerkstelligen?

MOYO

Sieht den Vorsitzenden fragend an, unsicher.

Herr Naubahua...unser Gutachten hat nicht die Aufgabe, praktische, politische Lösungen zu formulieren.
Ich bin überzeugt, wenn hier, am Orte, Recht gesprochen wurde, werden Sie zu Hause die richtigen Wei-
chen stellen...

KAMARANDA

Enttäuscht, fast verzweifelt.

Sie kneifen, Professor! Haben selbst keine neuen
Ideen...Oder die Hosen voll....Gerede!

Murren auf der Prozessbeobachterbank.

DIE VERTRETERIN KAMERUNS, KELLY TAWALA

Recht hat sie, die Kamaranda!
Erst nehmen sie uns das Land und hundert Jahre später wollen sie uns mit akademischem Mieliepap ruhig
stellen! Eine Schande, kann ich nur sagen!

Moyo, betroffen, reagiert mit einer hilflosen Geste.
*Die Unruhe auf der Prozessbeobachterbank dauert
an.*

VORSITZENDER

*Mit einem Blick auf die Geschworenen, dann an die
Parteien.*

Frau Anwältin, Herr Anwalt, wenn es keine Fragen an
Professor Moyo gibt, entlassen wir den Herrn Gutachter....danke...

Moyo will seinen Platz verlassen.

Aber warten Sie bitte, Herr Professor, wenn Sie gestatten....was meinen Sie...

Augenblicklich tritt Ruhe ein, der Vorsitzende ganz privat, interessiert.

Was würde diesem wunderbaren Land im Süden Afrikas guttun, was sollte geschehen, damit es wieder zur Ruhe kommt?

MOYO

Verblüfft.

Herr Vorsitzender, als Gutachter, kann ich nicht, mit Verlaub...

VORSITZENDER

Natürlich nicht...Sie sind ja als Gutachter − in dieser Minute − aus Ihrer Verantwortung entlassen worden.... Meine Frage bewegt sich außerhalb Ihrer Mission hier vor Gericht. Ihre Meinung als Bürger Brasiliens interessiert mich, nennen wir es die *private* Auffassung...

MOYO

Als Privatperson...gut. Grundsätzlich natürlich:

Holt Luft, wie vor einer schweren Anstrengung.

Jeder hat das Recht auf Gerechtigkeit....Das steht wohl über allem.....Entschuldigen Sie Herr Vorsitzender, was sage ich da, hier an diesem Ort....

Nachdenklich, konzentriert im Ausdruck.

Von den einst Benachteiligten und nun Freien, ob Herero, Nama, Sans, auch anderen...Philosophische Zwischenfrage, Herr Vorsitzender, sind die »Weißen«, im weitesten Sinne, nicht auch befreit worden? ...Von den nun Freien, so sehe ich das, wie Sie sagen, ganz persönlich,....von ihnen wird Unerhörtes, in unserer Zeit Seltenes, verlangt...Vergebung, Großmut, Einfühlung, Toleranz. Im großen Gespräch sollte man das Geflecht der gemeinsamen Geschichte versuchen mit den Augen der nach uns Kommenden zu betrachten, zu entwirren....

Kaukamundu hat seinen Platz verlassen, ist bis auf wenige Schritte an Moyo herangetreten, folgt dessen Worten ungläubig, Moyo konzentriert sich auf den Vorsitzenden.

Auf Traditionen beharren, ich meine, sich in sie zu verkrallen, sie heute unbedingt durchsetzen zu wollen.... gegen die Zeit, will sagen gegen die Ideen der Jungen, wäre Rückkehr zum Kirri, zum Ochsenkarren. Der Preis wäre hoch – das Brot der Enkel, die Einheit der Nation. Diese vom Reiben an der Geschichte gefühllos gewordene Haut, diese Panzer gewordenen Vorbehalte abzutragen, um der Hoffnung eine Chance zu geben, in diesem Sonnenland... das wird schmerzen, sehr sogar. Das auch dann noch, wenn bessere Zeiten heraufdämmern, das geht tief ins Innere, ist aber vielleicht....

Kaukamundu außer sich vor Zorn, im Begriff, auf den Mann einzuschlagen.

KAUKAMUNDU

Was, ...was redest Du da...Du bist doch einer von denen.... bezahlt, wahrscheinlich...ein Bestellter....

Kaukamundu klappt mit einem Seufzer neben Moyo zusammen, die Krankenschwester, ein Gerichtsdiener eilen herbei, das Hohe Gericht, die Parteien starren entsetzt auf die Szene, Kaukamundu wehrt die Helfer ab, zieht sich an der Barriere des Zeugenstandes hoch, hockt auf dem Boden, starrt Moyo, der vor ihm kauert, an. Das Signal eines Rettungswagens ist in der Ferne zu hören.

VORSITZENDER

Erhebt sich, sichtlich bewegt, um Festigkeit bemüht.

Die Verhandlung wird unterbrochen!

Eine Projektionsfläche wird vor den Bühnenvorhang gefahren, ohne Verzögerung flimmern die ersten Bilder auf.

DRITTER AKT

Auf der Projektionsfläche wird ein typischer Namibia-Werbefilm gezeigt. Heitere Menschen unterschiedlicher Haut, weite Landschaften, das Meer, Dünen im Abendlicht, Löwen, Elefanten, Lagerfeuer....nach einigen Minuten wird die Projektionsfläche nach oben gefahren, die letzten farbigen Bilder des Films irrlichtern über den Verhandlungsraum, in dem es langsam hell wird. Der Gerichtssaal ist leer, mit einer Ausnahme: Auf der Klägerseite Kaukamundu im Rollstuhl, rechts von ihm die Krankenschwester, die ihm ein Glas Wasser reicht, auf der anderen Seite sitzt Karamanda, sie hält Kaukamundu für einen Moment die Hand, als der Gerichtsdiener die Szene betritt, zieht er seine Hand zurück, ordnet die Uniform.

GERICHTSDIENER

Meine Damen und Herren, nehmen Sie bitte zur Fortsetzung der Verhandlung Platz, bitte nehmen Sie Platz! *Zügig nehmen die Prozessbeteiligten die Plätze ein. Der Vorsitzende und die Geschworenen betreten den Saal, die Anwesenden, mit Ausnahme Kaukamundus, erheben sich.*

VORSITZENDER

Bitte nehmen Sie doch Platz...

Meine Damen und Herren, wir setzen die Verhandlung fort. Dies geschieht auch auf ausdrücklichen Wunsch von Exzellenz Paramount Chief Alfons Kaukamundu. Exzellenz, Sie beschämen uns Jüngere mit Ihrer Energie, meine ausdrückliche Hochachtung...

Frau Dr. Thomson, wenn ich Sie um Ihren Schlussvortrag bitten darf....

ANWÄLTIN

Hohes Gericht, Herr Vorsitzender, meine Damen und Herren! Die amerikanischen Gesetze geben Menschen, ob amerikanische Staatsbürger oder nicht, die von Verbrechen gegen das Völkerrecht betroffen sind, die Möglichkeit, ihre Rechte vor einem amerikanischem Gericht einzuklagen. Auch in Form einer Sammelklage, auch gegen andere Staaten.

Meine Mandanten machen von diesem Recht gebraucht.

Die beklagten Straftatbestände liegen in der Vergangenheit. Deshalb ist es in diesem Zusammenhang wichtig, auf unsere Rechtsauffassung hinzuweisen, die feststellt, dass das Völkerrechtssubjekt »Deutsches Reich« nicht untergegangen und die Bundesrepublik Deutschland mit ihm als Völkerrechtssubjekt identisch ist. Will sagen, die völkerrechtlichen Rechte und Pflichten des Rechtssubjekts sind in vollem Umfang erhalten geblieben – die Bundesrepublik als Rechtsnachfolgerin des Deutschen Kaiserreiches, das ist der Background unserer Betrachtungen.

Und: Die hier zur Verhandlung stehenden Verbrechen und Verstöße sind nicht als individuelle, kriminelle Handlungen zu bewerten, nein, das Unrecht wurde im Namen einer politisch-rechtlichen Ordnung verübt.

Die Beklagte Bundesrepublik Deutschland ist Mitglied der Vereinten Nationen und sie ist unter anderem Mitunterzeichnerin des Übereinkommens zur Verhinderung und Bestrafung von Völkermord aus dem Jahre 1948. Und sie sieht sich der Erklärung zu den Rechten indigener Völker vom 13. September 2007 verpflichtet.

Über Jahre haben Betroffene, Historiker, Wissenschaftler Informationen gesammelt, sie auf ihre Plausibilität und Belastbarkeit geprüft. Es ist eine gedanklich und strukturell nachprüfbare Beweislage entstanden, die unsere Klage und, in der Konsequenz, auch unsere Forderungen begründet.

Die deutschen Kolonialbehörden im damaligen Südwestafrika haben im Sinne staatlichen Handelns von 1885 bis 1909 Völkermord und Enteignung unter Bruch des Völkerrechts begangen.

Das ist als Völkermord zu verurteilen.

Besonders in Folge der Niederschlagung des sogenannten »Herero -Aufstandes« von 1904 unter Führung des Generals von Trotha kam es zur Ermordung, Versklavung ganzer Völker. Wer die Niederschlagung des Aufstandes überlebte, wurde in Konzentrationslagern zusammengepfercht und zu Sklavenarbeit gepresst. Zehntausende fanden den Tod.

Das ist als Verbrechen an indigenen Völkern zu verurteilen.

Wir fordern die Wiedergutmachung des Schadens, den die Kläger infolge der Verletzung des Völkerrechts, einschließlich des Genozids und der Verletzung der Rechte indigener Völker erlitten haben.

Wir fordern Entschädigung und die Zahlung von Reparationen für die Enteignung und den Raub von Vieh und für die sich bis heute daraus ergebende Armut. Sechs Milliarden Euro werden schon seit Jahren gefordert, Aktivisten, die in betroffenen Gebieten unterwegs sind, sehen heute, über Zinsen und Zinseszins, 200 Milliarden und mehr als durchaus berechtigt an.... Wir fordern, dass die zu menschenverachtenden Rassenexperimenten nach Deutschland verbrachten Leichenteile unverzüglich in ihre Heimat überführt werden.

Wir fordern, mit dem besonderen Verweis auf den »achtundzwanzigsten US- Code, Paragraf zwo zwo null eins«, die direkte Beteiligung der Betroffenen an den noch ausstehenden Verhandlungen.

Erinnern wir uns noch einmal daran, dass im Zentrum unserer Bemühungen die Würde des Menschen steht. Entsprechend sollten wir entscheiden. Dass die Herstellung der Würde nicht nur praktisches politisches Handeln, sondern auch einer angemessenen materiellen und finanziellen Grundlage bedarf, ist unstrittig. Ich danke Ihnen!

VORSITZENDER

Herr Anwalt, sind Sie bereit?

ANWALT

Ja, Herr Vorsitzender, ich möchte beginnen.

VORSITZENDER

Dann hören wir jetzt Ihr Plädoyer, bitte!

ANWALT

Hohes Gericht, meine Damen und Herren, wir alle haben die eindrucksvollen Berichte der Betroffenen gehört und es ist noch einmal klar geworden, dass es keinen einfachen Weg zu einer historischen Gerechtigkeit gibt. Für die Anwältin Frau Dr. Thomson liegt die Lösung allerdings wohlfeil auf der Straße, man möge sich nur bücken und aufheben – was Sie als Lösung anbieten, was wir, nach Ihrem Gusto, nur von der Straße aufheben müssen, ist eine entsicherte Handgranate, die uns allen um die Ohren fliegt und uns der Aussöhnung keinen Schritt näher bringt.

Ja, wollen Sie wirklich die Politik der nationalen Versöhnung im Land beenden?

Es ist überhaupt nicht zu bezweifeln, dass die Ereignisse zwischen 1904 und 1908 schreckliche Verbrechen sind und dass man sie als Völkermord bezeichnen muss.

Es ist davon auszugehen, dass diese Einordnung des Völkermordes sozusagen im historischen Sinne erfolgt, dass aber nicht die Rechtsfolgen an diese Einordnung geknüpft werden können, die seit 1948, seit der Völkermordkonvention der Vereinten Nationen, gilt.

Auf den Punkt gebracht – die Völkermordkonvention hat keine Rückwirkung.

KARAMANDA

Springt auf.

Das kann man doch hier nicht zulassen!

Anwältin beugt sich zu Karamanda, versucht sie zu beruhigen.

ANWALT

unbeirrt

Wir setzen uns...ich bitte Sie.....wir setzen uns sehr wohl mit unserer Geschichte auseinander und lassen dabei in unseren Bemühungen überhaupt nicht nach, das gehört, als gebrannte Kinder, zu unserem nationalen Selbstverständnis! Wir betrachten Geschichte von der historischen, von der politischen und auch von der moralischen Seite. Es ist bei alldem aber festzustellen, dass es für die Fragen, die vor 100 Jahren stattgefundene Ereignisse betreffen, das Recht heute keine

Lösung anbietet. Das ist schwierig zu verstehen, wenn man alles das vor Augen hat, was wir auch hier wieder gehört haben, und so kommt mancher zu falschen Schlüssen und meint, wenn man es als Völkermord bezeichnet, dann löst das automatisch Rechtsfolgen aus. Dem ist nicht so.

Unruhe auf der Prozessbeobachtertribüne

Unrecht, das von längst Verstorbenen getan wurde, für das im Grunde längst verstorbene Menschen zuständig sind – die Versöhnung vor solch einem Hintergrund ist unglaublich schwierig, aber wir sollten sie wagen! Ja, wir betreten mit diesem Prozess Neuland.... Und wir sollten in einem politischen Prozess, in einem Dialog auf Augenhöhe, herausfinden, wie wir gemeinsam das moralische Unrecht heute so behandeln, dass unsere Völker eine gute gemeinsame Zukunft haben.

Unklarer Protest Karamandas

Wir meinen, unsere Versöhnung muss einen Bezug zur Gegenwart haben. Es ist richtig, wenn festgestellt wurde, die Leute wenden sich von den heutigen Belangen der Nation, von den Problemen, die alle betreffen, ab, wenn sie weiter hungern. Deshalb werden wir den *Entwicklungsplan 2030* der namibischen Regierung mit erhöhten Anstrengungen besonders für die Herero und Nama unterstützen.

Im Kern: Bekämpfung der Armut. Die 1990 nach langem Kampf erworbene politische Freiheit sollte mit wirtschaftlicher Freiheit einhergehen. Ohne ein bestimmtes Maß ausgewogener wirtschaftlicher Freiheit ist die Würde des Menschen nicht zu erreichen.

Mit unseren Bemühungen um aufrichtige Aussöhnung werden wir die Armutsbekämpfung mit 289 Millionen

Euro unterstützen. Dabei hat die namibische Regierung eine besondere Förderung von sieben Regionen vorgeschlagen, um vor allem den Herero und Nama zu helfen, Benachteiligung zu überwinden und...

KARAMANDA

Was lügen Sie da wieder zusammen....

ANWALT

Darf ich fortfahren? Danke!

Frau Karamanda, nehmen Sie doch bitte die Tatsachen zur Kenntnis! Ich nenne Ihnen gern die Regionen – die da sind: Kunene, Otjozondjupa, Erongo, Omaheke. Omaheke – das ist doch Ihr Wahlkreis, liebe Frau Karamanda, oder? Die Regionen Khomas, Hardap und Karas im Süden gehören noch dazu. 80 Millionen Euro werden in die Berufsausbildung gehen. Ja, ja, unterbrechen Sie mich bitte nicht.... ja und 70 Millionen – 70 Millionen Euro! – in die Landreform, zum Beispiel zur Unterstützung des Landaufkaufprogramms.....

Verlangen Sie, Frau Anwältin, angesichts dieser sich bietenden Chancen, das namibische Volk möge in die Vergangenheit zurückkehren, um sich von dort her seiner Würde zu besinnen?

Während Sie immer noch im Kampfmodus verharren, verehrte Kollegin, wünscht sich das namibische Volk längst schon Versöhnung. Eine Versöhnung, die mit der Verbesserung der Lebensumstände der Herero, der Nama einhergeht, ...*nicht schwarze Löcher dürfen es sein, in denen das Geld verschwindet und sich letzten Endes im strammen Euter des Gouvernements wiederfindet, an deren Zitzen die Fat Cats sich mästen*...Originalton einer regierungsnahen, Windhoeker Zeitung vom zehnten Oktober...

Wir werden gemeinsam mit unseren namibischen Partner an einer Zukunftsstiftung arbeiten, die vor allem junge Leute unserer Länder zusammenbringt und die Basis für eine gemeinsame Erinnerungskultur schafft. Noch einen Satz zur Verhandlungspraxis. Es ist erprobter internationaler Brauch, und auch unter den schwierigsten Bedingungen üblich, dass bei Streitfragen zwischen Staaten Regierungen mit Regierungen verhandeln und die betreffende Regierung natürlich souverän festlegt, welche Vertreter des Landes am Verhandlungstisch sitzen. Und die namibische Regierung legt natürlich darauf Wert, dass sie als legitimierte, demokratische gewählte Regierung agiert, die die gesamte Bevölkerung repräsentiert, selbstverständlich auch die Herero und Nama. Wir halten es für unangemessen, Frau Anwältin, wenn Sie von uns verlangen, Einfluss zu nehmen, damit die namibische Regierung die Zusammensetzung ihrer Verhandlungsdelegation ändert!

Wir beraten gegenwärtig über ein umfangreiches Paket der Hilfe und Zusammenarbeit, das von der namibischen Bevölkerung, aber insbesondere natürlich – und das in erster Linie – von den Herero und Nama als Lösung anerkannt wird und auf dessen Grundlage dann Versöhnung möglich ist.

Ich beantrage Einstellung des Verfahrens!

DIE PROZESSBEOBACHTER

Erheben sich. Skandieren im vielstimmigen Chor.

Das darf nicht sein! Das darf nicht sein! ...Das darf nicht....

VORSITZENDER

Danke Dr. Freudenberg!

An die Prozessbeobachter gewandt.

Nehmen Sie bitte Platz und stören Sie nicht die Verhandlung! Hören Sie, wir wollen fortfahren. Ich bitte um Ruhe!

DIE PROZESSBEOBACHTER

Einhellig, mit Händen und Füßen den Rhythmus schlagend.

Das darf nicht sein! Das darf nicht sein! Das darf nicht....

VORSITZENDER

An den Gerichtsdiener.

Bitte geleiten Sie die Damen und Herren hinaus! Sofort!

Die Prozessbeobachter lassen sich hinausführen, man hört ihre Rufe im Gebäude langsam verstummen. Karamanda will ihnen folgen. Die Anwältin ist nervös, hält sie zurück.

VORSITZENDER

Wir fahren fort. Herr Dr. Falkner, Sie vertreten die Bundesrepublik Deutschland. Ihr Land wird beschuldigt.

Der Beklagte hat noch einmal die Möglichkeit, sich zu äußern. Wenn Sie das wünschen. Bitte Dr. Falkner!

FALKNER

Danke! Hohes Gericht, wir werden nach Ihrem Urteilsspruch auseinandergehen, um an die Orte zurückzukehren, an denen die Menschen leben, die uns in diesen ungewöhnlichen Dialog geschickt haben, uns den Auftrag erteilten, endlich Frieden zu stiften....Ich wünschte sagen zu können, wir haben den Grundstein...... auch den materiellen, finanziellen...... wir haben den Grundstein für eine Brücke der Versöhnung gelegt, die uns aus der Vergangenheit in die Zukunft führt.

Ich werde hinübergehen, über diese Brücke....
Falkner geht einen Schritt zur Mitte.
auf die dunklen Felder unserer gemeinsamen Vergangenheit blicken, werde mich vor den Ahnen, vor den Völkern dieses Landes, die unter den Grausamkeiten meiner Vorväter so furchtbar gelitten haben, in Demut verneigen.
KAUKAMUNDU richtet sich auf, schaut an Falkner vorbei starr geradeaus. Falkner tritt an die Barriere der Kläger heran. Er bleibt vor Hilde Karamanda stehen, schaut sie an.
Ich bitte Sie um Verzeihung! Die Völker der Herero bitte ich, die der Nama -bitte sie um — Vergebung!
Verzeihen Sie, verehrte Frau Karamanda, was Ihrer Familie so Unfassbares angetan wurde. Ich .....
KARAMANDA
gezwungen kühl
Ich... kann es noch nicht, Doktor...
Karamanda strafft sich, sieht Falkner ins Gesicht, nun sanfter
Ich glaube, dass Sie mich sogar verstehen, Dr. Falkner, Sie sind kein *otjirumbu,* ganz sicher nicht...
Falkner sichtlich bedrückt, nimmt seinen ursprünglichen Platz wieder ein.
FALKNER
Danke, Herr Vorsitzender!
VORSITZENDER
Verehrte Geschworene, Sie haben die Parteien gehört, der Herr Gutachter hat noch einmal auf wesentliche Aspekte der äußerst komplexen Materie hingewiesen und, wie er sagte, auf die Fallen am Wege aufmerksam gemacht.

An der Täterschaft besteht kein Zweifel, das haben Kläger und auch Beklagter deutlich gemacht.

Deutlich die Absicht der Parteien, zu einer Versöhnung zu gelangen, die beiden Ländern die Chance einräumt, in der Zukunft ihre Beziehungen möglichst frei von den Belastungen der Vergangenheit zu gestalten. Geschätzte Geschworene, Ihr Urteil kann durchaus auf die Gestaltung internationalen Rechts Einfluss haben.

Sie stehen vor einer schwierigen Entscheidung, ich bin sicher, dass sie gerecht ausfallen wird!

Vorsitzender erhebt sich, verlässt seinen Platz, die anderen Prozessteilnehmer folgen seinem Beispiel, der Vorhang fällt.

ZWISCHENSPIEL 2

Auf der Vorbühne, vor dem Vorhang, erscheint der Mitarbeiter von Smith & Smith, Herr Smith

SMITH

Im milden Scheinwerferlicht, der Zuschauersaal nicht zu hell ausgeleuchtet.

Meine Damen, meine Herren, wir alle stehen noch unter dem Eindruck dieses ungewöhnlichen Verfahrens, uns klingen noch die Schlüsselworte im Ohr:

Anerkennung – Entschuldigung – Entschädigung

Ihre ungebrochene, ungewöhnliche Aufmerksamkeit lässt vermuten, dass Ihnen der Ausgang der Verhandlung nicht gleichgültig ist.

Bevor wir die Entscheidung der Geschworenen erfahren, möchten wir Sie um Ihr Urteil bitten.

Bitte halten Sie nach der entsprechenden Frage Ihr Programmheft hoch, oder heben Sie den Arm. Unsere Mitarbeiter werden die Stimmen auszählen. Selbstverständlich kann man sich auch der Stimme enthalten.

Gut, dann bitte ich Sie um Ihre Aufmerksamkeit! Wer dafür ist, dass die Bundesrepublik Deutschland im Sinne des Vortrags von Anwältin Frau Dr. Sofia Thomson verurteilt wird, den bitte ich um sein Zeichen!

(Schaut in den Saal, rechts und links der Zuschauer haben sich jeweils drei Mitarbeiter von Smith & Smith postiert, sie zählen aus)

SMITH

Ja, ich verstehe gut, wenn der eine oder der andere noch zögert....Gut, dann zählen wir aus....

Die Mitarbeiter reichen die Zettel mit den notierten Stimmen auf die Bühne.

SMITH

Danke! Und nun... wer ist für Freispruch – unter Einschluss des vom Herrn Anwalt vorgetragenen Angebotes – bitte um das Zeichen mit dem Programmheft oder einfach als Wortmeldung....

Die Mitarbeiter reichen die Zettel mit den notierten Stimmen auf die Bühne.

SMITH

Und nun zur Stimmenthaltung. Wer möchte sich der Stimme enthalten, den bitte ich um sein Zeichen... Kommt noch jemand hinzu....Stimmenthaltung....ja, danke Sie noch dazu...

Gut, ich danke Ihnen sehr!

Die Mitarbeiter reichen die Zettel mit den notierten Stimmen auf die Bühne, Smith breitet sie Zettel vor sich auf dem Boden aus.

SMITH

Das überrascht mich doch.....XXXX von Ihnen sind für Freispruch!

Und XXXX sind für Verurteilung Deutschlands...

Gemurmel im Saal vereinzeltes, angedeutetes Klatschen.

XXXX unserer Zuschauer im Saal haben sich der Stimme enthalten. Das sind nicht....

Bevor Smith seinen Satz zu Ende bringen kann, hebt sich der Vorhang, er tritt zur Seite.

VIERTER AKT

Im Gerichtssaal.
GERICHTSDIENER
Meine Damen und Herren, nehmen Sie bitte zur Fortsetzung der Verhandlung Platz, bitte nehmen Sie Platz!
Zügig nehmen die Prozessbeteiligten die Plätze ein. Der Vorsitzende und die Geschworenen betreten den Saal, die Anwesenden, mit Ausnahme Kaukamundus, erheben sich.
VORSITZENDER
Bitte nehmen Sie doch Platz...
Der Vorsitzende lässt sich vom Gerichtsdiener einen Zettel reichen, schaut rechts und links zu den Geschworenen.
Meine Damen und Herren, wir alle mussten erfahren, dass wir es in diesem Prozess mit einem äußerst komplizierten Sachverhalt zu tun haben. Der Ausgang dieses Prozesses wird bis ins internationale Recht hinein Auswirkungen haben....
Vom Schnürboden fällt mit einem Schlag, begleitet von Lärm und von Staub, Kopfschmuck der Minneconjou – Lakota- Sioux herab. Erinnerung an das Massaker an den »Indianern« am Wounded Knee 25.12.1890, an die Politik der Vertreibung der indigenen Völker.
Die eigene, die amerikanische Geschichte, liegt dem Hohen Haus plötzlich vor den Füssen. Kommentarlos.
Für einen Augenblick Stille, während die am Prozess Beteiligten sich überrascht, zum Teil fassungslos, von den Plätzen erheben.

Als die Staubwolke sich auflöst findet der Vorsitzende wieder zu sich.

VORSITZENDER

Gerichtsdiener!

Mein Gott, wo sind Sie denn! Gerichtsdiener, schaffen Sie das da... schaffen das sofort weg! Sofort....!

mehr zu sich selbst

Unglaublich...!

Der Gerichtsdiener, eilfertig, versucht so viel wie möglich Teile des Kopfschmucks zusammenzuraffen, legt sogar einen besonders schönes Stück schnell an – Kopf / Schulter – um die Hände frei zu haben, während der Vorsitzende, seinen Unmut kaum verbergend, mit den Geschworenen tuschelt.

VORSITZENDER

Geht denn das nicht etwas zügiger, ja?!

Hilde Karamanda will helfen, verlässt ihren Platz, lädt dem Gerichtsdiener die noch am Boden liegenden Teile des Federschmucks auf dessen ausgebreitete Arme. Der Gerichtsdiener setzt sich, nun schwer beladen, zum Seitenabgang in Bewegung. Ein besonders schöner Kopfschmuck bleibt am Boden liegen. Karamanda hebt ihn auf, betrachtet ihn nachdenklich, streicht fast zärtlich über die Federn und nimmt den Schmuck mit an ihren ursprünglichen Platz. Dort drapiert sie ihn wie eine Trophäe über eine Stuhllehne. Das geht alles sehr schnell. Der Vorsitzende blättert in seinen Papieren, wohl wahrnehmend was da vor ihm passiert.

VORSITZENDER

Erregung nur mühsam zurückhaltend

In einem solch komplizierten Verfahren, ist äußerste Sorgfalt geboten, selbstverständlich müssen auch hier die Geschworenen einstimmig zu einem Urteil gelangen. Das aber ist ihnen, nach dem jetzigen Stand der Verhandlung, nicht möglich. Es ist ein weiterer Verhandlungstag anzusetzen.

Sie werden auf dem üblichen Wege, fristgerecht, davon erfahren.

Die heutige Verhandlung ist geschlossen.

Ich danke Ihnen!

Nachspiel

*Offene Bühne. Die Anmutung eines Theaterfoyers. Es
ist das Foyer des »National Concil Building«, Sitz des
Nationalrates Namibias, in dem sich das Namibische
Parlament zu einer Sondersitzung trifft.*
Die Sitzung wird gleich beginnen.
*Gewimmel von Frauen und Männern in traditioneller
Kleidung, aber auch im Business-Dress. Vor einer Pro-
jektionsfläche hat sich eine Menschentraube gebildet,
wir sehen vor allem die Rücken der Leute.*
*Dem Zuschauer zugewandt, im Foyer, der TV-Reporter
der Deutschen Welle. Er kommentiert die Bilder, die
auf der Projektionsfläche zu sehen sind.*

REPORTER
Verhalten
Ungewöhnlich früh haben sich heute die Mitglieder
des Parlaments zur außerordentlichen Sitzung eingefunden.

*»Sitzungsklingel« ruft die Abgeordneten in den Saal,
Foyer leert sich*
Zwei Tagesordnungspunkte: Als Gast – Ansprache der
neuen Bundestagspräsidentin der PPM, der »Partei
Progressive Mitte«, und TOP zwei, Verabschiedung
des »Gesetzes zur Neuen Kooperation mit der Bundesrepublik Deutschland«, das zusätzliche materielle
Leistungen Deutschlands im Sinne der Aussöhnung
einschließt. Die frisch gekürte Außenministerin von
der VEB, der »Vereinigten Europäischen Bewegung«,
lässt sich entschuldigen, sie weilt außerplanmäßig zu

Vorbereitung des Vertrages »Sicherheit für Europa«
in Moskau.
Wendet sich halb dem Bildschirm zu.
Die Leute hier, ob auf der Straße oder im Parlament,
saugen die Bilder der letzten zehn dramatischen Tage
regelrecht auf....
Nur noch groß die Bilder, Reporter im off
Der plötzliche Tod seiner Exzellenz Paramount Chief
Alfons Kaukamundu... hier sehen wir die Prozession
der *otruppas*
Kolonnen der otruppa-Kämpfer – Archivbilder
in den verwirrenden Uniformen... der Sarg, in dem
Kaukamundu – traditionell in eine Rinderhaut genäht-
zum Begräbnisplatz begleitet wird....Ja und hier noch
einmal die unglaublichen Szenen ....
*Franz Naubahua wird von jubelnden jungen Leute la-
chend in die Höhe geworfen, wird wie ein Popstar gefeiert.*
Franz Naubahua , der einfache Farmer, wurde von
Massen junger Herero, wirklich von Massen junger
Leute, unglaublich....an Stelle von Kaukamundu zum
neuen Verhandlungsführer mit den Deutschen bestimmt.....ohne auf das Murren der traditionellen Autoritäten zu hören!
Wahnsinn! Beeindruckend..... Die Verständigung
Franz Naubahua am runden Verhandlungstisch.
mit der eben erst ins Amt gekommenen, neuen deutschen Regierung darüber, dass geheiligte Erde vom
Ort des Massakers 1904, aus dem Omaheke-Sandfeld, ihren Platz in Berlin Unter den Linden, unter der
Granitplatte der »Zentralen Gedenkstätte der Bundesrepublik für Opfer von Krieg und Gewaltherrschaft«,

stellvertretend für die Völker Afrikas finden soll, wird von der Afrikanischen Union,

Im Video Flagge der Afrikanischen Union

von über 50 Staaten des Kontinents, als Akt der Aussöhnung, ja der Befreiung von einer unerhörten, gemeinsamen Last gesehen. Und hier, in Namibia, nahezu enthusiastisch gefeiert.

Die Korvette Brukkaros der namibischen Marine,

Bild eines Kriegsschiffes, das den Hafen Walvis Bay verlässt.

übrigens ein Schiff chinesischer Produktion, wird, die Waffen symbolisch versiegelt, mit Vertretern aus Tansania, Angehörigen der Herero, der San, der Nama an Bord die Kapsel mit eben dieser geweihten Erde nach Hamburg bringen ...In elf Tagen, auf der Schiffsroute der deutschen Woermann-Linie , auf der einst die Deutsche Schutztruppe nach Südwest verschifft wurde.

Mit Zwischenstopp der Brukkaros in den einstigen Kolonien Kamerun, Togo.....In Hamburg angekommen, wird die Kapsel mit der Erde dann vom Hafen weg, in einer Stafette von Sportler aus....

Wendet sich kurz dem Zuschauerraum zu, hantiert an seinem Ohrenstöpsel

Ich höre gerade, das Gesetz, das die Verhältnisse zwischen unserem Land und Namibia neu regelt, wurde einstimmig angenommen....die mit Spannung erwartete Versöhnungsrede unserer Bundespräsidentin geht eben unter Beifall zu Ende...

Anschwellender Gesang.

Die breiten Türen des Konferenzraumes werden aufgestoßen, singend strömen die Abgeordneten ins

Foyer, in ihrer Mitte die Bundespräsidentin, begleitet von Hilde Karamanda und Franz Naubahua, neben Naubahua Dr. Falkner. Neben Michael Zareus, Betty Naubahua- Scholz. Sie treten an die Rampe, singen in Zuversicht »Nkosi Sikelel«* – Gott segne Afrika – die länderübergreifende afrikanische Hymne.
Gesang
Der Gesang geht in Jubel über
vereinzelt werden Arme hochgerissen – Licht verdämmert, Gesang verebbt.
Vorhang auf – volles Licht – Verbeugung der Akteure.

Ende

*»Nkosi Sikelel' i Afrika« – Gott segne Afrika
Auch die Hymne des ANC im Kampf gegen die Apartheid, später Hymne in Sambia, bis 1992 Nationalhymne
in Namibia, heute noch Nationalhymne in Südafrika.
Der Gesang dieser Hymne hat im südlichen Afrika hohen symbolischen Wert. Er innert an die Jahre des
Aufbruchs nach dem Erlangen der Unabhängigkeit,
an die Zeit, in der alles möglich schien.

Erste Strophe
Herr segne Afrika
Möge sein Geist aufsteigen
Erhöre unsere Gebete
Herr segne uns, seine (Afrika) Familie

Glossar

Bambuse
Persönlicher Diener

Beester
Rind

Bokkie
Ziege

Chief
Traditioneller Führer, heute auch Teil der regionalen Administration.

Genozid
G. ist eine Form von Massentötung durch einen Staat oder durch Organisationen, Einrichtungen, die in seinem Auftrag handeln, durch die gezielt eine Gruppe oder ein Volk zerstört wird und der Täter die Zugehörigkeit zur Gruppe, zum Volk bestimmt. Seit 1948 durch UN-Konvention als »Völkermord« geächtet.

Herero
Allgemein anerkannte Bezeichnung für die otjihererosprachige Bevölkerung Namibias, sie umfasst u.a. die Mbanderu, die Ovaherero, die Ovahimba.

Kamp
Eingezäuntes Farmgelände

Kirri
Waffe, Keule aus hartem Holz mit kugelförmigen Kopf, um 60 cm lang.

Koevoet
»Kuhfuß« oder »Brecheisen«. 1979 bis 1989. Aus der schwarzen Bevölkerung Namibias, durch die südafri-

kanische Administration während der Apartheid rekrutierte Angehörige einer Sondereinheit. Berüchtigt für ihr brutales Vorgehen gegen Guerillas und SWAPO – Mitglieder. Im Zuge des Unabhängigkeitsprozesses aufgelöst.

Koppi
Hügel, kleiner Berg.

Lorry
Lastwagen

Mieliepapp
Maisbrei

Omaheke
Weitgehend wasserlose Halbwüste im Nordosten Namibias, die sich östlich vom Waterbergmassiv über 250 Kilometer Richtung der Grenze Namibia / Botswana (früher Betschuanaland) erstreckt.

Otjirumbu
Herablassende Bezeichnung für eine weiße Person (Plural *Ovirumbu*) eigentlich: Gelbe Dinger

Otruppa
Organisation männlicher Herero in Uniformen der *otjiserandu*, der Truppenspieler, zu besonderen Anlässen. Öffentlich sichtbar wurden die Otruppa erstmals am 23.August 1923, anlässlich der Beisetzung von Samuel Maharero. Die Uniformen sind häufig aus Uniformstücken unterschiedlicher Streitkräfte zusammengesetzt. Ergänzt durch Schärpen und rote Bänder symbolisierten sie ursprünglich den Sieg über den Feind.

Orlog
Aus dem altniederländischen*orlog(e)* »Krieg«, eigentlich »vertragloser Zustand«. In Afrikaans *Oorlog*.
In Namibia, vor allem in der Herero-Gesellschaft, bis in

die Gegenwart Inbegriff der Auseinandersetzung mit der deutschen Kolonialmacht.

Werft

Allgemeine Bezeichnung eines Wohnplatzes im südlichen Afrika; in der Hererogemeinschaft auch *onganda* genannt.

Pad

Weg im Sandfeld, im freien Gelände.

Pontok

Dem Iglu ähnliche Hütte aus Geflecht, Lehm und Rindermist, häufig transportabel, dann mit Tierhäuten bespannt.

Rechtsprechung

Hier – Prozess vor dem Hintergrund des »28 US-Code, Paragraph 1332«. Nach dem amerikanischen »Gesetz zur Regelung von ausländischen Ansprüchen« (Alien Tort Claims Act – ATCA) können Ansprüche, die sich auf das amerikanische Zivilrecht stützen, vor amerikanischen Gerichten verhandelt, eingeklagt werden. Die Beteiligten müssen nach ATCA nicht US-amerikanischer Nationalität sein, die Ereignisse die strittig sind, müssen nicht auf amerikanischen Boden stattgefunden haben. Eine solche Klage ist aber nur möglich, wenn ein Verstoß gegen das Völkerrecht oder andere internationale Verträge vorliegt. Für die gerichtliche Auseinandersetzung Herero – Bundesrepublik Deutschland in den USA ist der Völkermord an den Herero und Nama nach ATCA die Tatbestandsvoraussetzung, um seitens der Kläger Wiedergutmachungsleistungen, Schadensersatz gerichtlich einfordern zu können. Die durch das ATCA den amerikanischen Gerichten verliehene weltweite Zuständigkeit wird wegen der Möglichkeit des Eingriffs in fremde Souveränitätsrechte, auch aus europäischer Sicht, kritisch gesehen.

Rivier

Trocknes Flussbett, führt in der Regel nur zur Regenzeit Wasser.

SWAPO

South-West African People's Organization.

Als »*Südwestafrikanische Volksorganisation*« zur Befreiung Namibias gegründet, heute Regierungspartei. Größte Anhängerschaft im Norden Namibias, im Ovamboland. Von der UNO anerkannt, organisierte sie den politischen und militärischen Kampf um die Unabhängigkeit Namibias.

Terriezeit

Herablassend für die Zeit des Guerillakampfes der SWAPO gegen die Apartheidpolitik Südafrikas. Die Südafrikanische Administration bezeichnet die SWAPO-Kämpfer als Terroristen.

Veld

Offenes Feld, Ebene

Waterberg

1875 Meter hohes Bergmassiv im Nordosten Namibias. Die Schlacht am Waterberg (1904) im Ausrottungsfeldzug der Deutschen Schutztruppe unter General von Trotha gilt als Synonym deutscher Kolonialpolitik in Afrika.

ORLOG*

Spätes Spiel um Gerechtigkeit

Notizen. Zur Inszenierung des Stückes im Theater.

Die Schicksale, die erzählt werden, füllen die große Metapher:
Jeder hat das Recht auf Gerechtigkeit.
Überall dort, wo es um die Tilgung erlittenen Unrechts geht und um die Folgen, die daraus für das Heute erwachsen, kann ORLOG* als eine Wortmeldung der Zivilgesellschaft verstanden werden. In ORLOG* geht es – am Beispiel Namibias – um Recht und Gerechtigkeit im historischen Bezug. Altes, bitter erlittenes Unrecht zu tilgen, ohne neues zu schaffen, dieser Konflikt aber geht über die Realität Namibias hinaus. Dieser Frage müssen sich Menschen in ihren Beziehungen zueinander, mit dem Blick in die Zukunft, an den verschiedensten Orten der Welt und der sich dort vollziehenden Veränderungen immer wieder, auf ganz unterschiedliche Weise, stellen.
Das betrifft die Bürger Südafrikas, es betrifft die Kurden und die Türken, die Mazedonier und die Griechen, die Israelis und die Palästinenser, die Katalanen und die Spanier, die Letten und die Russen, die Iren und die Engländer. Von der Beantwortung dieser Frage hängen wesentlich der kleine und der große Frieden ab.

Hintergrund der erzählten Geschichte.

Die Verbrechen der Deutschen Schutztruppe an den Herero, an den Nama, 1904 in Deutsch-Südwest-Afrika, das Auslöschen von Menschen schwarzer Haut in den folgenden Jahren, sind bis heute prägend für die Beziehungen Republik Namibia – Bundesrepublik Deutschland.

2004 bat die Entwicklungshilfeministerin Frau Wieczoreck-Zeul bei ihrem Namibia -Besuch, mit dem Blick auf die deutsche Kolonialzeit in Süd-West-Afrika, für die Grausamkeit ihrer Landsleute vor einhundert Jahren um Verzeihung.

Die Vertreter der Betroffenen, vor allem der Herero, aber forderten ein juristisch handfestes Eingeständnis der Deutschen des an Herero und Nama vollzogenen Völkermordes. Im Zentrum der Begründung ihrer Forderungen steht der »Schießbefehl« des damaligen Oberbefehlshabers der deutschen Truppen in Süd-West-Afrika, Lothar von Trotha.

Seit 2004 bemühen sich verstärkt unterschiedliche namibische Komitees, in wechselnder Zusammensetzung auch mit Hilfe amerikanischer Rechtsanwälte, das offizielle Eingeständnis des Völkermordes durch die deutsche Regierung einzuklagen. Je nach Verhandlungsführung schließt diese Klage die Forderung der Zahlung von Reparationen durch Deutschland an die betroffenen Völker (2016 in Höhe von 6 Milliarden US-Dollar) und die Rückgabe der heutigen deutschen Farmen an die Herero und Nama ein.

Die deutsche Regierung hat sich nur zögernd mit den Forderungen der Komitees auseinandergesetzt. Sie verhandelte mit der Regierung des Landes und nicht mit einzelnen Vertretern der betroffenen Ethnien.

Diese Form der Verhandlung ist auch im Sinne der namibischen Regierung. Die Bevorzugung einer Bevölkerungsgruppe widerspricht ihrem politischen Konzept » Ein Volk – eine Nation«.

Seit 2015 hat Deutschland, unter dem Sonderbeauftragten der Bundeskanzlerin Herrn Polenz, seine Bemühungen um eine Schlichtung des Konflikts sichtbar verstärkt. Das Ziel war, mit Ende der Legislaturperiode der Regierung um Kanzlerin Merkel, im Herbst 2017, zu einer Lösung zu kommen.

Das wurde nicht erreicht, die Fronten sind verhärtet, die wenigen, selten halböffentlichen Debatten sind von starken Emotionen geprägt.

Im Jahr 2017 haben die Vertreter der Herero – und Nama Gemeinschaften vor dem *United States District Court New York* erneut Klage gegen die Bundesrepublik Deutschland eingereicht. Anfang Januar 2018 erwogen die Vertreter der Herero und die der Nama nun erstmals offen die Besetzung deutscher Farmen in Namibia.

Die Zivilgesellschaft Namibias, unabhängig von ethnischer Herkunft, lehnt in ihrer Mehrheit jede Art von Landnahme mit dem Verweis auf die Landreform der Regierung und den Verhältnissen in Simbabwe ab. Namibia würde im Chaos versinken – so die Stimmen, die über die Medien wahrzunehmen sind.

Offensichtlich wird auch von Teilen der namibischen Gesellschaft eine »Auszahlung von Dollar, von Geld« mit dem Blick auf unterschiedliche partikulare Interessen abgelehnt. Vertreter der Zivilgesellschaft schlagen eine »Versöhnung der Völker« vor. Seit 2019, zum Beispiel, bemüht sich ein »*Gesprächskreis deutschspra-chiger Namibier*« gemeinsam mit Vertretern des *ONCD*, des »*Ovaherero / Ovambanderu and Nama Council fort he Dialogue on the 1904 – 1908 Genocide*« (Ovaherero / Ovambanderu – und Namarat für den Dialog über den 1904-1908 Genozid), um einen zukunftsorientierten, breiten gesellschaftlichen Dialog.

Sie wünschen eine offizielle Entschuldigung und den Dialog um die namibisch-deutsche Geschichte auf Augenhöhe.

Sie wünschen sich, von Deutschland transparent finanzierte und personell unterstützte Projekte »vor Ort«, wie Schulen, Wasserversorgung, Krankenhäuser zur tatsächlichen Verbesserung der Lebenssituation der Landbevölkerung in den weniger entwickelten Dörfern der Nama und Herero.

Wieder vor Gericht

Unter der gegenwärtigen amerikanischen Administration sehen Vertreter der unterschiedlichen Genozid-Komitees offensichtlich die Möglichkeit, ihre Forderungen mit Hilfe amerikanischer Gerichte konsequenter durchsetzen zu können.

Im Januar 2018 hat die amerikanische Regierung über ihre Botschaft in Berlin die deutsche Kanzlerin wissen lassen, dass sie das Ignorieren amerikanischer Rechtssprechungsorgane (Gerichte) in der Klage um den »Genozid der Deutschen an den Herero und Nama« nicht hinnehmen wird.

Daraufhin erschien im Auftrag der Bundesregierung, am 25. Januar 2018 zum Gerichtstermin in New York, ein Anwalt.

Ende Juli 2018 fanden dort weitere Gespräche zur »Zuständigkeit des Gerichts« statt. Weitere Gerichtstermine, zunächst zu Verfahrensfragen, fanden statt. Die Anwesenheit einer hochrangigen Herero- und Nama Delegation am 28.08. / 29.08.18 in Berlin, anlässlich der würdigen Übergabe sterblicher Überreste ermordeter Herero und Nama, hat die Ernsthaftigkeit beider Seiten eine baldige Lösung des Konflikt zu erreichen, unterstrichen.

Am 07.03.2019 hat das New Yorker Gericht die Klage abgewiesen. Die Vertreter der Herero und Nama akzeptieren die Endscheidung des Gerichts nicht, erwägen Einspruchsverfahren einzuleiten. Indes gingen die Verhandlungen zwischen den Vertretern Namibias und denen der Bundesrepublik weiter. Am 15.Mai 2021 setzten in Berlin beide Sonderbeauftragten, Ruprecht Polenz für die deutsche Seite und Zedekia Ngavirue im Auftrag der namibischen Regierung, den Schlusspunkt unter das in fünf Jahren ausgehandelte »Versöhnungsabkommen«. Die offizielle Unterzeichnung soll durch die Außenminister beider Länder erfolgen. Der Staatsakt wurde durch Corona und durch die Regierungsbildung in Deutschland immer wieder verschoben. Quer durch die Abgeordneten der im namibischen Parlament vertretenen Parteien gab es in einer ersten Debatte des Hohen Hauses erhebliche Kritik am Ausgehandelten. Die Vertreter der Opfergruppen bemängelten vor allem, dass die von der Bundesregierung zugestandenen 1,05 Milliarden für Entwicklungsprojekte über 30 Jahre gestreckt an die namibische Regierung gezahlt werden sollen. Das Verhandlungsergebnis, ein Kompromiss, ist, bei aller Kritik seitens der namibischen Öffentlichkeit durchaus als historisch bedeutend anzusehen. Erstmals bekennt sich eine einstige Kolonialmacht gegenüber denen von der Gewalt Betroffenen klar und ausdrücklich schuldig.

Denkbare politische Konsequenzen für Namibia und Deutschland

Der ungeklärte Konflikt Bundesrepublik Deutschland – Vertreter der Herero / Nama, erreicht mit dem Stück ORLOG*, mit den Mitteln des Theaters, den öffentlichen Raum.
Es scheint gegenwärtig, als bewegten sich die politischen Akteure in sich selbsterklärenden Zirkeln. Eine über das Stück ausgelöste Diskussion in der Zivilgesellschaft bietet die Möglichkeit, diese hermetischen Kreise zu verlassen, neue Felder des praktischen Handelns zu beschreiten, Alternativen zu prüfen.
Werden die Forderungen des Genozid-Komitees direkt erfüllt, so Stimmen aus dem Namibischen Parlament, unterläuft das die Bemühungen der namibischen Regierung um die Einheit der Nation, stärkt das u.a. separatistische Strömungen im Lande (z.B. Rehoboth, Caprivi). Es geht um die Einheit der Nation, die nicht nur einen Grundwert der Verfassung darstellt. Ohne diese Einheit ist Gegenwart und Zukunft Namibias, ist das Einlösen der gesellschaftlichen Verabredungen aus dem Befreiungskampf, schwer vorstellbar.

Für Deutschland ist ORLOG* ein Lehrstück über die verdrängte Aufarbeitung der deutschen Kolonialgeschichte.

Zur Lehre aus dieser Katastrophe gehören Versöhnung und die Frage nach Schuld und Vergebung. ORLOG* ist auch eine Parabel von den Schrecken des Krieges und der Zerstörung der Seelen.

Die Reparationsforderung der Herero / Nama Vertretung und deren Erfüllung mit Hilfe internationaler Gerichte könnte Forderungen anderer ehemaliger deutscher Kolonien gegenüber der Bundesrepublik Deutschland nach sich ziehen – z.B. Kamerun, Togo, Tansania.

Mit der gegenwärtigen Diskussion um die Rückgabe afrikanischer Kulturgüter an ihre ursprünglichen Besitzer, nimmt auch die Debatte über die verdrängte deutsche Kolonialzeit und ihre Auswirkungen bis in die Gegenwart Fahrt auf.

Die Benennung der deutschen Schuld, mit den sich daraus ergebenen Konsequenzen, wirft über Deutschland hinaus auch ein neues Licht auf die Aufarbeitung von Geschichte anderer Kolonialmächte – u.a. Amerika (indigenen Völker, Sklaven), England (Nahost), Frankreich (West- und Nordafrika, Indochina).

Möglichkeiten des Theaters

ORLOG* ist ein Stück über einen emotional stark aufgeladenen Konflikt. In der Tradition des Dokumentarischen Theaters gehört ORLOG* zu jenem Genre der historischen Fiktion, das historische und aktuelle

Ereignisse aufgreift, sie zueinander in Beziehung setzt und auf diese Weise das Interesse des Publikums weckt. Das Handeln der Figuren ist durch glaubwürdige Quellen gesichert. Das Dokumentarische Theater kann durchaus die Form des Tribunals annehmen, sich in der Inszenierungspraxis als Darstellendes Spiel oder auch als Szenische Lesung äußern.

(Für Szenische Lesungen des Stückes von Peter Weiss, »Die Ermittlung«, stellten u.a. europäische Regierungen Plenarsäle ihrer Parlamente zur Verfügung. Der »Politische Raum« öffnete sich für die Debatte der Zivilgesellschaft – hier im direkten Sinne des Wortes. Das entsprach der Bedeutung des Stückes im Rahmen der deutschen Erinnerungskultur).

Im Gegensatz zu den Konfliktparteien, die sich in der oben beschriebenen politischen Realität begegnen, ist das Theater nicht ideologisch verortet.

Die Figuren im Stück sind »Spielfiguren« – mit dem Spiel geht das Theater, geht die Kunst, über das, was der Geschichtswissenschaft, der Politik möglich ist, hinaus. Das ist die Chance der Kunst im gesellschaftlichen Dialog.

Im inszenierten Raum erzählen Menschen in Rede und Widerrede ihre Geschichten, lassen den Zuschauer ihre existenzielle Betroffenheit miterleben. Die Suche nach dem Sinn für den individuellen Schmerz und das Ertasten der Gründe für die Beschädigung der Seelen wird nachvollziehbar.

Die Protagonisten »beider Seiten« werben in einer inszenierten Gerichtsverhandlung mit ihren Argumenten als lebendige Menschen, die nur dieses einzige, schöne, grimmige Leben haben, um die Empathie des

Richters, der Beisitzer, der Zuschauer. Jedem wird die Möglichkeit eingeräumt sein Handeln zu erklären. Das Stück regt zur Gleichbehandlung der Stimmenvielfalt an, zum Einnehmen eines unverstellten Blicks – welche Zukunft wollen wir? Diskutieren, was politisch – scheinbar – nicht diskutierbar ist. Es wird das ausgesprochen, was auszusprechen Historikern und auch Politikern, aus ganz unterschiedlichen Gründen, verwehrt zu sein scheint.

Lothar von Trothas, als Entscheidungsschlacht gedachter »finaler Kampf« 1904 am Waterberg, die Unmenschlichkeit danach, sind durch nichts zu relativieren; das sind Tatsachen und nicht verhandelbar. Sie sind geschehen und blutiger Teil der gemeinsamen, der namibisch- deutschen Geschichte.

Mit dem Blick nach vorn ist auszuloten, welche Möglichkeiten hat die Gesellschaft heute, Konflikte aus der Vergangenheit, die mit Wucht in die Gegenwart hineinwirken, zu lösen und dabei einen Weg in die gemeinsame Zukunft zu finden.

Diese Frage stellt ORLOG* in den Mittelpunkt.

Berlin, November 2021

„Eine Kiste mit Hereroschädeln wurde kürzlich von den Truppen in Deutsch-Süd-Wes Afrika verpackt und an das Pathologische Institut zu Berlin versandt, wo sie zu wissenschaftlichen Messungen verwandt werden sollen. Die Schädel, die von Hererofrauen mittels Glasscherben vom Fleisch befreit und versandfähig gemacht wurden, stammen von gehängten oder gefallenen Hereros."
Foto und Bildunterschrift aus dem Jahr 1907.

„A box of Herero skulls was recently packed by the troops in German-South-Wes Africa and sent to the Pathological Institute in Berlin, where they are to be used for scientific measurements. The skulls, which were freed from the flesh by Herero women by means of broken glass and made dispatchable, come from hanged or fallen Hereros."
Photo and caption from 1907.

ORLOG*

Belated Drama on Justice

JÜRGEN LESKIEN

**Translated from German
Sylvia Schlettwein
Windhoek / Namibia**

...the colonized thing becomes man especially in the process through which it liberates itself.

Frantz Fanon
«The Dammed of this Earth»

Protagonists

Alfons Kaukamundu (85)
Herero, co-founder of the **Reparation Committee**
Traditional chief, controversial Paramount Chief of the Ovaherero
Member of the Namibian Parliament.
For the expropriation without compensation of German-speaking farmers; advocates the spontaneous occupation of «white land».

Michael Zareus (55)
Mbanderu, Speaker of the **Reparation Committee**
Director of the board of MECoop (group of meat corporations), *Windhoek*
No party-affiliation, no political office.
For the payment of reparations of 6 Billion Dollar to the Herero and Nama Communities by Germany.

Hilde Karamanda (50)
Nama, member of the **Reparation Committee,** women's rights activist.
Nurse, not in practice since eight years, radical political activist.
Member of the Central Committee of the ruling party, member of parliament.
Organizer of the *Occupied Day* (Occupation of the German Embassy in Windhoek)
She is for the expropriation of «white farmers» and a once-off reparation payment of 200 billion to the Ovaherero and Nama Communities by Germany.

Franz Naubahua (50)

His family is known as Omutjimba (singular Tjimba – original meaning «impoverished Herero»), to be included in the **Reparation Committee** for strategic reasons.

No party-affiliation, no political office.

He is a «black on white land«; according to Karamanda he knows the Germans and their way of thinking.

Naubahua's grandfather, born 1904, is the son of a young Herero-woman, Maria, and a rider of the German Schutztruppe, Alfons Winkler from Potsdam-Novalis. Black-white. A child born of affection, not rape, as told by a slight bundle of letters. t

Within the framework of the land reform FN took over the farm «Alte Erde« ten years ago, where he successfully farms with cattle and has diversified into organic vegetable cultures.

He stands for reconciliation on the basis of civil society and with the exclusion of «big politics«: «We are all brothers and sisters of the same blood.« In his vision Germans (NGO?) and Herero / Nama consult on joint projects (schools, water supply, agriculture etc.) transparently financed by Germany. – No money in the hands of politicians and families of tribal chiefs.

He is expressly against any form of land occupation, as in his view this would throw the country into chaos.

Betty Naubahua-Scholz (40)

Franz Naubahua's wife, trained agriculturalist, «German-speaking African with a white skin«, farms on «Alte Erde«, born near the Waterberg on the German farm «Hagelberg». Representative of the women-only

Reconciliation Committee Hand in Hand, which unites Namibian women of all ethnic groups and campaigns for a fair redistribution of wealth between black and white.

No party-affiliation, no political office.

Franz Naubahua has made his membership in the **Reparation Committee subject** to his wife's participation in the discussions.

Persons in the play

Presiding Judge
Jury – six jurors
Attorney for the Plaintiff, Dr. Sofia Thomson
Representatives of the class action, Kaukamundu, Zareus, Karamanda, Naubahua , Naubahua-Scholz.
The accused, the official from Germany, Dr. Falkner
Defense Attorney, Dr. Freudenberg
Dr. Moyo, evaluator
Observers of the tribunal from Cameroon (Kelly Tawala), Togo, Tanzania (Sam Akinola), New-Guinea, Samoa

Employees (2) of Smith & Smith
Mrs Petrowski, cleaning lady
Mr Wang, tailor
Court Usher
Nurse

FIRST ACT

Early evening

Michael Zareus' office. Stylish, with steel furniture, glass desk.

Espresso machine, fridge with ice maker. Inside, in front of the window, on display on a pillar, a gold-coloured bust of D. Trump, which glows in the light of the illuminated advertisement outside .

On a side table, on the opposite side of the room, a terra-cotta bust, «Madiba«, Nelson Mandela, covered by a large sunhat (election campaign gift) in the colours of the ruling party – green, red, blue.

Sideways, draped on a clothes stand, a uniform tunic very similar to those of the German Schutztruppe (nowadays these uniforms are worn as a sign of victory over the enemy at the «otruppa« marches at the annual Herero Days.) A modern military cap on top of the stand.

*Outside, behind the outlines of a window, fluorescent letters, **MECoop – Windhoek,** and a red, three-horned bull's head,*

Mrs Petrowski, a middle-aged, slender, good-looking woman, vacuums the floor with dedication. Carefully wipes the dust off the Mandela-bust.

PETROWSKI

Madiba, my black friend, every night I hear how you turn in your grave…

From the side Mr Wang enters the scene with a mannequin. The mannequin wears a «Victorian dress« with a wide skirt like those worn by Herero-women and the matching headgear in the form of stylized cattle horn. The cleaning lady winces at the sight of the tailor – as if caught thinking something indecent.

PETROWSKI

Mr Wang! You scared me!

WANG

Mrs Petrowski, I'm sorry.

Both embarrassed.

PETROWSKI

Julia. You can call me Julia ...

Pulls at the dress of the mannequin, with surprised delight.

WANG

So Julia, if you don't mind me asking, don't you work at the meat counter at SPAR? Yesterday, the fresh Kudu tripe, maybe you remember, two kilos

PETROWSKI

That's right. Had to be kept in the cold room. Tripe, yes, delicacy in your Chinese food ... this is my second job. My youngest is starting school soon.

Slightly lifts the dress at the shoulders.

Nice material! Really, so soft, oh, so flowing! Such good sewing!

Wants to lift the headgear off the mannequin.

WANG

Oh, please don't! Mr Zareus is very particular. High standards ... a surprise for his wife, for the days in New York, when they're going to collect their money from the Germans.

Puts down the mannequin, takes a few steps back, satisfied.

Will you lock when you leave? I mean, also the windows ... because ... i

Tenderly strokes the mannequin.

... Just deliver, Mr Zareus said. Someone will be there. And it's you, Julia, what a surprise ...

A last scrutinizing look.

Well then, Julia.

Julia activates the vacuum cleaner with her foot.

Michael Zareus, light shirt, dark trousers, sporty, congenial appearance, breezily enters the scene, pulls the plug of the vacuum cleaner.

ZAREUS

Enough for today! Work to do! One hour free for you!

Throws his dark, wide-rimmed hat on the table, clearly in good spirits. Goes to the fridge. Takes out a bottle of Coke, gives it to Julia with an overly generous gesture, takes a beer for himself.

Just tsheila a bit earlier!

Sees the dress.

Well, well, seems like the old gangster delivered on time ... you want to try it on?

Beckons her with his hand.

PETROWSKI

Takes a step back, detracts from his touch.

I'm sure it looks very, very good on your wife ... okay, I'm leaving now ... if you say so ...

Julia energetically takes hold of the vacuum cleaner and off, while Zareus circles the mannequin, beer in hand.

Voices come closer from the side, over an imaginary hallway, calm, pleasing. A man and a woman. Not clear what they are talking about.

… we must talk about it in parliament … only few … it's no use talking to him … one has to try everything …

Hilde Karamanda enters the stage from the side with quick, energetic steps, gesticulates and talks while she walks, followed by Alfons Kaukamundu.

Karamanda, a bit corpulent, dressed up in a dress similar to those of the Herero-women, but without the «horned» headgear, instead an artfully wrapped headscarf. Kaukamundu in a grey three-piece.

KARAMANDA

Oh … are we early?

Without directly greeting Zareus, she immediately steers towards the mannequin.

Wonderful! Amazing!

Kaukamundu amicably touches Zareus' shoulder as he walks past him and drops into one of the armchairs.

KARAMANDA

Fumbles the dress.

Compared to this, I'm dressed in lappies.

KAUKAMUNDU

Interrupts her with a sigh.

But Hilde, you look fantastic!

Hilde, lifts the skirt of the dress with both hands, raptly kneads the material.

Let me guess, Mike: Arthur Arbesser, Vienna… am I right, you naughty boy?

Mike – Michael Zareus – stands behind his desk, embarrassed, shuffles papers.

ZAREUS

Yes… Arbesser…. But how do you know…

KAMARANDA

Takes a seat, a bit coquettish.

Last month – as you perhaps know – our environmental committee was in Vienna. Austrian Nuclear Authority, because of or uranium exports …

Kaukamundu, leans back, impatient.

KAUKAMUNDU

So, let's get to Franz Naubahua. Mike, what do you think?

An employee pushes a trolley-table onto the scene, slightly bows and off.

ZAREUS

Try it! Our new boerewors. Not as fatty as usual. Lots and lots of healthy herbs. Recipe from overseas. Sausages from Saxony, they're called «*Kamenzer*». Have some!

Without much ado Kaukamundu and Kamaranda help themselves to the pieces of sausage on toothpicks from the garnished cocktail platter.

KARAMANDA

Looks at the ceiling, muses.

Something totally different! That's … yes, of course! Thyme or something like that, oregano? Would fit nicely into our big buffet. Party conference in three weeks. A little sponsoring … Zareus? Hey … it wasn't meant like that …

Blots her lips, puts the serviette aside.

So, Franz … German blood. A little bit at least. *Black on white land.* Doesn't that show our goodwill?

ZAREUS

Nods in agreement. He knows best how they tick. He has a sharp tongue … and he is good …

Activates a screen with a remote, on which TV-sequences with agricultural activities appear.

You might remember this documentary, NBC. Franz

Naubahua, *Farmer of the Year. Alte Erde* – it was all over the newspapers.

Karamanda shows her disapproval.

ZAREUS

Yeah, yeah Hilde ... Just forget about the name! The message is important: Us Herero, we are good at this. We know exactly how to manage land. If the land is returned to us ...

KAUKAMUNDU

Thoughtfully.

Naubahua's farm *Alte Erde* borders on *Dornbusch.* Six thousand hectares. The old Falkenbergs still farm there. Still. I mean, sort of ... those people have no children. Good grazing land. Five waterholes. Franz apparently made enquiries about it at the *Landbank.*

KARAMANDA

Electrified.

There we have him! He wants to go bigger, hey, he wants to grow! He will stay in line, he will not jump off the gravy train. What about his wife though? What's her name? Betty? I mean ... her of all people ... from one of the very old German families ...

ZAREUS

She is actively involved in the Committee for Gender Equality. Hilde, she will strengthen your side. She really gets good press.

Lifts up a newspaper.

A white woman – that will show the public, how do you say .... how broad, how diverse, our base is. I talked to him at the cattle auction in Otavi the other day. To cut a long story short: he will only join, if she is on board too ... anyway ... that's what I call a modern marriage ...

KAUKAMUNDU
Squirms in his chair, grumbles, throws a short look at Zareus.
Under your last Paramount Chiefs, Mike, we had characters like that Franz again and again. Kirri out of soft wood under the pillow and the heart of a rabbit in the chest.
Sideways of the stage a hulk in the dark red uniform of MECoop security staff clears his throat to get Zareus' attention.
SECURITY GUARD
Submissive
Mr Zareus... Mr Naubahua is there, he says...
Franz Naubahua, self-confidently walks past the security guard, dusty, in work overall. Khaki shirt, shorts, no socks, but knee-knee-high boots.
Betty Naubahua-Scholz, one step behind her husband. Open face, low-key. She wears a simple, calf-length dress, similar in cut to a Hererro-dress, albeit without headgear. Newspapers have called it «fashionable opportunism of the 'whites' in the times of change.«
Zareus welcomes the farmer couple with open arms.
ZAREUS
I'm so glad you made it!
BETTY
Please excuse the way we look ... the auction ... it took long ...
Franz in in reverential posture before Kaukamundu, greets the elder with a sincere bow, then extends his hand towards Hilde, who nods graciously, remains seated.

Betty neutrally kisses everyone on the left and right cheek.

FRANZ

Cheerful, takes a seat in his armchair.

Tadeus Otaka, the bonehead of Oppi Koppi, is furious …

He pours himself a glass of water and looks at Kaukamundu with amusement.

…had to take back cattle. Huge horns! Tradition this and tradition that, but no South-African buyer will go for such animals! With weapons like that! Juts the transport on the lorry is a problem already, they will spear each other before they reach Cape Town. Not to mention the lack of space in the feeding pens. Same old, same old, … but Otaka complains about the *white* auctioneers – … for them we're still the stupid blacks … he shouts all over the place, so that everyone's ears start hurting … fine. No, not fine … so … let's get to the point …

Looks into the round expectantly.

KARAMANDA

With restless hands.

Well, we think that with you, Franz, we have a …

ZAREUS

And with Betty …

KARAMANDA

Yes, with you Franz … and with Betty, we think we would be a good team to win in New York.

FRANZ

Very serious, gets up from his chair.

Yes, Hilde, let us close this dismal chapter with dignity … after all these years! You should know that this is very, very close to our hearts …

Looks at Betty, who nods.
And we are honored to contribute. Finally looking forward ...
BETTY
Do we have to fly over there? I mean, for a long time ... to America ... I'm also asking because of our children; I don't want to be gone for too long.
KARAMANDA
Ignores Betty's question.
Justice, Franz. Reparation of historic injustice. It's about our land! We have our demands.
Is gaining momentum.
You know them! After the humiliations of the past, it's our turn now – no Ovambo, no Damara, finally us ... yes, us!
ZAREUS
Nods at Kamaranda zu, factual.
A week maximum, Betty. A week, I assume ... We'll come prepared ... very, very well prepared indeed!

The lighting slowly dims out into complete darkness.

INTERLUDE 1

Auditorium
Fore-stage
Mr Smith, the Project Manager of Smith & Smith, in business attire.
SMITH
Factual, open, wants to be understood.
We at Smith & Smith from Jackson / Mississippi, are happy to take on this assignment.
Very happy, we are honored.
For the past fifteen years, in four lawsuits against the Germans, our partners from Namibia have been in ..., let's say ... not in such good hands.
Change of lawyers. New York, changed, New York again.
Too much understanding for the German interests.
Our Namibian friends – highly disappointed, bitterly disappointed! 200,000 Dollar in lawyer's costs have accumulated.
With urgency.
Something must happen!
He thinks for a moment.
.... But of course you know all of that already.
The problem until now: lots of good intentions, high personal engagement. Really. But basically no coherent strategy. Every case of law is a staged event. The show matters. I have to confess – I am fascinated by the show my president puts on... This lawsuit, ladies and gentlemen, has pioneering character! We are

creating new international rights. Yes, we can! And those that until now had no rights, will thank us!

The business of Smith & Smith: preparing you for cases that go beyond civil law. Practical training – through simulation.

Hard work. To the limit.

Psychologically processed. With sociologists, and even ethnologists. Worked through in advance. Supported by facts.

And you are part of it! We absolutely want to hear your opinion, we really want to hear it! Because: We shall win!

Off, entertainer-style.

Comes back after two steps, jacket already over his shoulder.

We will obviously record the training. For analysis purposes. For documentation ...

He looks into the auditorium to gauge the atmosphere.

To publicly answer the question a journalist once asked – why can our Namibian friends sue Germany at an US-court of law? U

They can of course do this, the US-jurisdiction expressly makes provision for this in US-Code 28, paragraph 1332 – I thank you for your attention!

The light on him dims out.

Complete darkness for several seconds. Silence.

SECOND ACT

Right and left of the stage banners hang from the ceiling, reaching into the auditorium.

Photos from colonial times in German South-West-Africa.

1. *Starved Herero-children in the camp in Swakopmund*
2. *Nama-woman scrapes meat from human skulls, soldiers of the German Schutztruppe look on.*
3. *Soldiers of the German Schutztruppe pack skulls for transport to be used for research purposes in Germany.*
4. *Hanged prisoners of war / Nama with soldiers of the German Schutztruppe*
5. *Nama prisoners of war in chains*

Banners one to five are facsimiles of real German army-postcards (1904 – 1910).

6. *«Extract from from the land register» (stylized map) showing the land surveyed for German farms in Hereroland, e.g. between Otjiwarongo and Otavi*
7. *Train – as technical achievement – on the route Windhoek – Swakopmund*
8. *Montage of portraits of commanders of the German Schutztruppe – General von Trotha / Major von Estorff / Major Leutwein*

The composition and appearance of the court, which acts on the stage, is modeled on the US District Court.

– *The Judge*
– *The Jurors (6)*

- *Counsel for the Plaintiff*
- *The Accused (representative of the Federal Republic of Germany)*
- *Defense Attorney*
- *Court Usher*

Both parties insisted on having a jury, which normally comprises 6 to 12 jurors. All 6 of the jurors are US-citizens, who were examined and eventually accepted by both the plaintiff and the accused.

The judge is of the opinion that judicial and ethnological questions are uniquely interlinked in this case. In the name of a fair trial, he has thus advised both parties to take this circumstance into account when selecting the jurors.

His advice was heeded and resulted in the following jury:

1. *Mr Takoda Yazzi   Minneconjou – Lakota-Sioux*
2. *Mr Kaya Brown   Inuit / Alaska*
3. *Mrs Lissy Smith   Afro-American / New York*
4. *Mr John Miller   Afro-American / Alabama*
5. *Mrs Elisabeth Heller   Utah*
6. *Mr Joseph Grossman   Kansas*

They are unbiased and, for the purpose of the court hearing, «anonymous» US-citizens, whose personal background is not supposed to play a role in reaching a verdict. As per US-jurisdiction, they will however eventually have to reach a unanimous verdict.

The members of the jury take place right and left of the judge. Left oft judge the counsel for the plaintiff.

To his right the accused, his attorney in front of him. A fine bannister surrounds the witness stand with a table and chair for the accused / witnesses facing the judge. The representatives of the class action (the plaintiffs) are seated to the right and left of their counsel. Next to the judge's table the workplace of of the clerk. Right of the scene a stationary camera, a camera man scurries through the courtroom. His images (blown up, sometimes blurred) can be seen by the spectators on screens. The image of the person currently speaking is enlarged.

At the right corner of the stage, in semi-darkness, a nurse in uniform with first aid coffer. The observers of the hearing are seated on a kind of grandstand, which slightly reaches into the auditorium. They come from the former German colonies, Togo, Cameroon, German East-Africa (Tanzania), German-New Guinea (New-Guinea), German-Samoa (Samoa), Kiautshou (China).

After complete darkness and silence auditorium is slowly illuminated until the banners, which have been let down from the ceiling, are clearly visible.
The courtroom is lit with a glaring bright. The light in the auditorium is dimmed, the light in the courtroom reaches a bearable brightness, while the judge and the jury appear fromthe stage background.
The honorable members of the court take a stand behind the chairs, as do the Counsel for the Plaintiff, the Accused, his Attorney, the Court Usher.

JUDGE

I hereby declare this session of the US-District Court of East-New York opened. Please take your seats.

The judge ruffles his robe and fusses a bit before he sits down. Everybody else take their seats cautiously and in silence.

The jurisdiction for this hearing arises from US-law, Civil Produce and in particular from the 28 U.S.C. § 1332 and following.

Today we will hear:

His Excellency, Alfons Kaukamundu, retired, 85

Paramount Chief of the Herero, more precisely the Ovaherero

Co-founder of the **Reparation Committee Justice and Land**

Michael Zareus, entrepreneur, 55

Speaker of the **Reparation Committee Justice and Land**

Hilde Karamanda, nurse, 50

Female representative of the **Reparation Committee Justice and Land**

Franz Naubahua, farmer, 50

Great-grandson of Chief Maximilian Naubahua

against

The Federal Republic of Germany

represented by

Dr. Falkner

and Defense Attorney

Dr. Freudenberg

This is the second hearing on the facts of the case. For the sake of completeness and for the record I state that Dr. Sofia Thomson of the legal practice Thomson & Partner is also present here today as counsel for the plaintiff. The court has furthermore decided to hear three of the ladies and gentlemen present here today as representatives of the class action. The group of plaintiffs is therefore duly represented before the court. The accused is the Federal Republic of Germany as legal successor of the German *Kaiserreich,* represented by Dr. Kurt Falkner. The defense attorney is Dr. Hans Freudenberg.

Looks into the auditorium.

Dr. Falkner, if you could take your seat behind Dr. Freudenberg? Thank you!

Falkner swiftly enters the courtroom from the auditorium, indication of a bow towards the judge, takes his seat behind the attorney.

You are all familiar with the composition of this court. It has to be noted that the parties have selected the jurors with great care, ascertaining the expertise of the various members of the jury.

Continues firmly and clearly.

For the observation of proceedings, the following excellencies from the former German colonies make their appearance here today:

Togo, Cameroon, Tanzania, New-Guinea, Samoa and China, Kiautschou to be specific.

He is passed a note from behind.

It has just been brought to my attention that Togo and China have withdrawn their official observer status. Yes. Any further questions, motions, pleas?

The counsel for the plaintiff shakes her head.
Counsel?
Defense ATTORNEY
Honorable Judge, please add that Mr Franz Naubahua is also member of the **Reparation Committee Justice and Land.**
JUDGE
Very well, Counsel, we shall add this.
Turns away from the clerk and towards Dr. Falkner.
I see that you became a fully qualified lawyer at a very young age, Dr. Falkner. My respect!
The topic of your Doctoral Thesis was « *The Reparations Agreement between Israel and West Germany* and its relevance for international law in view of Eastern Europe.»
DR. FALKNER
Yes, that is correct.
Rises.
JUDGE
Please, please! Stay seated!
The *Reparations Agreement between Israel and West Germany of* 1953 ordered a reparation payment of 3,5 million German Marks by the Federal Republic of Germany to the State of Israel as well as the *Jewish Claim Conference* ... If I remember correctly, the payment, a first payment ...
DEFENSE ATTORNEY
Honorable Judge, I fail to see which purpose your questions to my client serve. He is representing ...
JUDGE
Correct, Dr. Falkner is not representing himself, he is not the accused, but your country ... Dr. Freudenberg...

Back to Dr. Falkner.

Later work for the *Treuhand* state holding company, restitution issues regarding the GDR and its citizens. Its former citizens of course … and you have worked in the State Department for fifteen years. Very successfully so, as I have read.

The two men nod at each other in friendly acknowledgement.

JUDGE

Please forgive the digression …

He looks to his right and left at the jury.

No further questions? Good. Dr. Thomson, Madam Counsel, please proceed with the reading of the claim.

COUNSEL FOR THE PLAINTIFF

rises

Given that the 92-pages script of the class action are on hand and that this is the second hearing, I will today present a condensed version of the claim.

She looks at the judge, who looks at the jury, the defense attorney – nods of agreement, no objection.

JUDGE

Pease proceed.

COUNSEL FOR THE PLAINTIFF

The German Kaiserreich made a relatively late appearance as a colonial power in Africa and elsewhere. The cruelty with which it pursued its colonial aspirations is however difficult to match. The years between 1885 and 1908 are viewed as the most atrocious. The German Reich immensely benefitted from the exploitation of the colonies. If we take a closer look at the period from 1904 till 1908 in German South-West Africa, these were probably the worst years for African people.

1904 – in the Battle of Waterberg the German Schutz-truppe chased the Herero people into the waterless *Omaheke-Sandfeld*. The German military strategists assumed that the desert would complete what the German arms had started: «the extermination of the Herero people«. I quote from the official German record of war. General von Trotha gave order to shoot those that fled from the Sandfeld. I quote his extermination order. I

«The Herero are no longer German subjects. They have murdered and plundered, have cut ears, noses and other bodily parts off wounded soldiers and have now given up the fight out of cowardice. I announce to the people: everyone who takes one of the Captains prisoner and delivers them to my station, will receive a thousand Marks. He who brings me Samuel Maharero, will receive five thousand Marks. The Herero people, however, must leave the country. If the Herero people do not follow this order, I will force them with the Groot Rohr. Within the German borders every Herero, with or without rifle, with or without cattle, will be shot, I am not taking in any more women and children, I will chase them back to their people or give order to shoot them.«

Those who escaped the extermination order were locked up in concentration camps, forced into slavery in the mines and at the railway. Resistance was punished with flogging, often times with hanging. Even the dead were denied the slightest form of respect, heads were severed from bodily remains and sent to the German Reich for research purposes.

Unrest on the rows of the observers, the counsel interrupts her speech until order is resumed, looks at Dr. Falkner and the accused.

It was particularly from 1904 till 1908 that the Herero and Nama people experienced extermination through military violence and destruction through forced labor. Through land grabs organized by the state and thorough cattle theft the surviving Herero and and Nama were robbed of their base for existence. What was left, was a life as slaves under the German colonial power. It is a fact: the practice of genocide by the Germans began 1904 and reached its horrific climax during the Holocaust.

According to international law the German Reich has not expired as an international legal personality, in the legal sense it is identical to the Federal Republic of Germany. Its international legal rights and obligations remain in place to the full extent.

Apart from an adequate declaration by the German Bundestag, reparation of this historic injustice should be effected with regard to material damages – land-grab, cattle theft – and its impact, which could at least be alleviated with appropriate aid. In view of the massive impoverishment suffered by both peoples until the present day, one has to insist on material reparation. However, reparation for us also entails dialogue between the two sides involved – as equals. If we take the time necessary for this, there is a possibility of mutual understanding and unlocking a common outlook on the future through joint analysis and interpretation.

The counsel for the plaintiff takes her seat with the indication of a bow before the judge's table.

JUDGE

Thank you, Dr. Thomson!

The claim is acknowledged by a decision of the District Court in February of this year.

The written submissions – Volume 2 of the case files, please.

The judge looks to his right and left at the members of the jury, then he turns toward the defense attorney. For a further analysis of the facts we will now hear representatives of the class action.

Defense Attorney and the accused communicate with each other, the judge reacts to this movement.

Counsel, should I interprets your movement as a request to speak?

DEFENSE ATTORNEY

If you call on me in this manner, yes. Two pleadings to the charge. If you permit! The extermination order cannot be equalled in cruelty and cynicism. Von Trotha wrote it in his office seven weeks after the skirmish at Waterberg and it attests to the thinking of an unsuccessful military officer. Seven weeks – Maharero was already in Betshuanaland with his people. Honorable Court! Kaiser Wilhelm II confiscated the order when it came to his attention.

JUDGE

Impatient, looks at the clerk.

We take notice of your pleading. By the way, a fact that was elaborated during the previous hearing.

Partly at least. Well.

Was that all?

DEFENSE ATTORNEY

My second remark relates to continuity the esteemed Counsel for the Plaintiff established between the crimes committed against the Herero and Nama and the Holocaust. The Holocaust is a singular event, which, due to its unparalleled inhumane cruelty, that does not allow for any comparison to other crimes. The portrayal of the *Schutztruppe* as the inventors of concentration camps is, with all due respect to the victims, wrong. The inventor of *Concentration Camps* is the British military, who imprisoned women, elderly and children behind barbed wire – in *Concentration Camps* – during the so-called Second Boer War, 1899 to 1902, in South Africa. There are historians who seem to conveniently …

Protest, shouting from the auditorium.

OBSERVER FROM TANZANIA, MR AKINOLA,

Agitated

We – in former Tanganyika – we had your murderer Peters, have you forgotten, Counsel?

JUDGE

Angrily into the room.

Restrain yourself! Order in the house … proceed, Counsel, but be brief!

DEFENSE ATTORNEY

Historians, I mean, who seem to conveniently transfer the term to the events we are negotiating here. Regardless of whether this is an intended or unintended effect, it triggers extremely negative associations, which in turn unfavorably influences publicity and the proceedings as such.

JUDGE

Shifts *forward in his chair in agitation.*

Are you insinuating that this honorable court is stuck in *semantic contemplations?* We work with facts, Counsel!

DEFENSE ATTORNEY

Your Honor, the first hearing already made clear that all

those involved in this case have thoroughly studied the matter, the proceedings have until now been characterized by fairness and the willingness to really listen to the other side. With my pleading I want to help ensure...

Defense attorney holds up a newspaper, then a second one, opens the latter.

... that such headlines...

Raises his voice

... will not be repeated ...

Reads aloud.

... long forgotten, but rearing its ugly head already on the first day of the hearings – murder and the systematic killing of opponents was not only at the heart of Hitlerism, of the Nazis. The disregard for fellow human beings, their dignity and life is clearly a fundamental trait of the criminal character of the German nation...

Your Honor, I never want to read something like this again!

The defense attorney is visibly discomposed, sits down, puts his hands over his face. Everyone seems dismayed for a short while.

Someone passes the judge a note, he takes it absentmindedly.

JUDGE

Yes... yes, but that is not within our power ... Counsel ... the press sometimes has a peculiar view ...

Looks at the note, clears his throat, abruptly changes the topic.

As you remember, the action and the defense have decided on the unusual step to hear an expert on the issue of «Restitution – Land Ownership in the Context of Poverty Eradication«.

His report is before you – Volume 2 of the case files, let's see, yes, pages 120 to 153. He has travelled all the way from Sao Paulo and is prepared to present his hypotheses and consider your questions. We suggest that he takes the stand after the elaborations of the claimants.

Judge passes the note to the clerk, looks around.

Counsel? Accused? Agreed? Very well, we shall proceed in this manner.

Positions himself in his chair ...

JUDGE

I now give the floor to His Excellency, Paramount Chief Alfons Kaukamundu, in his capacity as representative of the class action.

Your Excellency, we acknowledge and greatly appreciate that, despite your advanced age, you have taken the trouble to make the long journey from Windhoek to personally support us in our quest to find the truth. Please ...

He points to the place before the judge's table traditionally taken by the «witness».

KAUKAMUNDU

Kaukamundu is in uniform as worn by the Herero at the otruppa – manifestations (anniversaries, funerals etc.) – khaki-colored, British military tunic with insignia, light trousers, cap, waist belt and shoulder strap. Kaukamundu drags himself to the stand, tries to keep a dignified posture.

More to himself than to the others.

It was ... a really long way ... to get here ...

JUDGE

Please take a seat ...

KAUKAMUNDU

Declines with a feeble gesture, stays upright.

There is a lot to say. I want to concentrate ... Yes. The grandchildren spend more time with the grandparents than with father and mother. Grandfather dies when I was forty years old. We had a lot of time together.

He looks up to the ceiling for a moment.

He would like that I am here now. He lived everything.

He straightens himself, the judge nods encouragingly.

The white, German land surveyors came into our compound, to the Pontoks, to our homestead. With their helpers. They drew pegs into the soil with heavy hammers and never left again.

On our grazing land they built the railway. From Windhoek to Swakopmund.

To be precise: We built it. With our bones.

His speech takes up momentum.

They were definitely not stupid, the Germans – without good instruments, no proper work. Grandfather even got a pair of leather boots – so that he could better push the spade into the rocky soil with his foot. Tough leather. Grandfather was 15 when they took him to work on the railway. He was big already and strong. But it all began much earlier already.

He turns towards the Counsel for the Plaintiff.

Our people learned that Chief Samuel Maharero had secretly sold the place Otjosazu to the Germans. In November 1899. The pastors of the Rhenish Mission were against the sale of Hereroland to the settlers. In this context the sentence is wrong, when clever people say today: «Once we had the land and they had the Bible, now we have the Bible and they have the land.« The missionaries told us to read. That's the way it is. And they covered the nakedness of our women with dresses in this Victorian cut. Which we still like today.

He smiles, looks at Hilde Karamanda first and then at the judge.

But I'm digressing. I beg your pardon, Honorable. So. With the railway they built the town of Karibik and chased us from the cattle posts, the waterholes, even from the emergency grazing land. To the North, into the Otavi Mountains. Between Otavi and Otjiwarongo they also grabbed the land. Cut it up in the exact way of the Germans. In rectangular shreds of five thousand hectares. Our beautiful grazing land! Look here!

He pulls a piece of paper from his vest pocket, a map section, holds it up.

A rectangle. Every rectangle a farm. With access to the road, and later also to the railway, with which they transported the milk and the cream of their cattle. «Deutsche Erde« they are called today still, the farms, and «Heilbronn« and «Rostock«...and so on, and on, and on, yes ...

He pauses, exhausted.

COUNSEL FOR THE PLAINTIFF

With a worried look at Kaukamundu, she wants to create an opportunity for him to catch his breath.

They were always quick to name places their way, the Germans. When they settled in the South Sea in 1899, in Neu-Guinea, they soon had a *Kaiser-Wilhelm Land, a Bismarck Archipel*, with islands that they called *Neu Mecklenburg, Neu-Hannover, Neu-Pommern* ...

DEFENSE ATTORNEY

Your Honor! I beg of you, what does this have to do with why we are convened here today?!

COUNSEL FOR THE PLAINTIFF

Very much so, esteemed colleague! You have ...

JUDGE

Without insistence.

Counsel, please keep to the point. We would like to continue listening to your client ... please, Excellency!

KAUKAMUNDU

Later there were no negotiations at all anymore.

JUDGE

Later? Can you give us a year?

KAUKAMUNDU

1904. From the middle of the year. They had felled our brothers and sisters at the Waterberg.

He points to the bench of the Accused.

Machine guns. Field guns. Just shoot, always shoot, at the people and between them. At the women, the cattle. From above, from the Koppi. Yes. Others perished, died of thirst in the Sandfeld of Omaheke ... taken as prisoners to Shark Island, they starved to death in the cold. Hundreds, each week ...

Holds up the map section again, reaches the Defense Attorney with a few steps, slams the paper on the table, bailiffs rush to his side, the Nurse appears in the background.

KAUKAMUNDU

Agitated.

That's what you did it for. All the evil! With us, with the Nama in the South ...

He discontinues his lament, two bailiffs guide the visibly exhausted Kaukamundu back to his seat.

JUDGE

Excellency, would you like to continue?

Kaukamundu nods.

JUDGE

Looks into the papers.

We are listening ...

KAUKAMUNDU

Those that were left, had no livestock, no place for the women, the children. Landless, poor. Our proud people was ridiculed. My father worked in the copper mine of Tsumeb. Like some other men. Three days under the ground, in the shaft, one day in the light. Year after year.

JUDGE

I read ... you, your family, you later lived ... until 1990 even, in Okatoto. From the Otavi Mountains to Okatoto... how come?

KAUKAMUNDU

My father and his oldest brother had found a place with enough water at the south slope of the Otavi Mountains. Before everyone else. Difficult to access for the settlers and because of that undiscovered. And the Germans had in the meantime lost the war. World War I, which did not interest us ... difficult to understand, isn't it?

He angrily looks around to all sides.

We were simply too tired. From 1904 and afterwards ... only few children survived their first year ...

Kaukamundu picks up again, continues with confidence.

The Boers, who were the new winners and now had

power over the Germans, let us go on in our misery, didn't look that closely.

Turns toward the Defense Attorney.

They were not as diligent as you were ... but then their soldiers came, in a sort of British uniform, they came as winners of course, the Boers. Instead of commands in German we now had shouting in Afrikaans! They chased us from our meagre grazing land, after more the thirty years, away from the graves of the Ancestors, who were with us everyday at the foot of the mountains. They gave us one day to leave. With the holy fire, we could only take fourteen *ozongombe* and a few dozen Bokkies.

In his agitation he calls the cattle in the language of the Ovaherero – ozongombe.

Then ten days direction North East. Under surveillance. Soldiers. Yet again. In Okatoto, that was a cattle post with shallow water, the vanguard had marked the camps. You stay here and don't move, they said.

I was thirty back then and we had five children. You stay here. And God forbid! That was the *Hereroland West Reserve*. The worst grazing land you can get in our country. *Homelands*. Soon everyone got one. We, the Nama, the Damara, everyone.

Only the whites could move freely. They were the masters.

We were once again prisoners in the land of our fathers. Always hungry. A disgrace. Those who could, offered themselves to the white farmers as workers.

Hesitates.

But what did I say – *white farms* – there were only *white* farms ... those of the Germans and the Boers.

Yes, German farms, although they had lost the war!! It was only the political Germans that the Boers sent back to Germany. Quickly white and white got together, against us, almost always.

Keeps silent for a moment, as if he has to think.

Later, during the time of the terries, quite a few young Hereros joined the military, swopped their kirris for the machine guns of the South African army. In their misery ...

Addresses *Dr. Falkner with a tired voice.*

Not a glorious chapter, is it? ... Yes, yes, I know what the German Doctor wants to say – blacks against blacks! Under the command of the South African Boers as servants of Apartheid, some even with the *Koevoets,* whom you call the «Black Waffen-SS».

DR. FALKNER

No, Excellency, that is not what I wanted to say ... *You* are reminding us of it, and I am grateful that you have established a link to the circumstances of the past ...

KAUKAMUNDU

To the Judge.

Our young people were the lowest among the soldiers ... the very lowest, but they at least brought back some money to their families when they returned home on leave ... well, ...

Like the smell of bushfires, poverty still clings to our clothes.

He looks down at himself, tired, has to lean on the stand to support himself.

And the land of our Fathers is still in the hands of whites ...

Softly, more to himself than to others

So they continue to govern us, these *ovirumbu*, these yellow-faces.

He pushes himself upright, with a firm voice

Honorable Court! We demand justice, we want our land back! The soil where our ancestors rest, where we once lived in peace with our *ozongombe*, with our cattle, was ripped from our souls.

Turns to the Germans.

I cannot think of anything else anymore … We have to close this wound, so that our dead can rest and our children can have a future again … God is with us …

With a look at the Judge.

That is why we are here – in the name of the Herero, the Nama, we demand these things in the name of the humiliated!

While he takes his seat next to the Counsel for the Plaintiff, into the auditorium, with humor in his voice.

And when the go, they should please just take their horse with them.

Gets down, picks up a roll of paper from the floor, unrolls a big photo of the rider monument, of the German Schutztruppe rider, the symbol of German supremacy, that stood in the center of Windhoek not so long ago, that is now in the courtyard of the Alten Feste in Windhoek, ridiculously propped up, awaiting its further use …

Karamanda, Zareus, Naubahua are amused. Observers applaud. The Judge seems irritated for a moment.

JUDGE

Excellency, we thank you! Would you be prepared to answer some further questions?

KAUKAMUNDU

Surprised, looks at the Counsel for Plaintiff, insecure, rises.

If there are any ... yes ...

JUDGE

Please stay seated, Dr. Falkner!

DR. FALKNER

Your Honor! Excellency, after you experienced such bitter injustice through expropriation for the building of the railway in South-West-Africa – for the extension of the country's infrastructure – such bitter injustice happened, for which I expressly apologize, you were able to find a means to existence at the foot of the Otavi Mountains. Is that right?

KAUKAMUNDU

Yes, that is correct. We were there for almost thirty years, at the foot of the mountains, our dead are buried there.

DR.FALKNER

Then, under the South African Administration, you were chased into the native reserve, into the *Homeland Herero West*. Excellency, how did you do there?

KAUKAMUNDU

Condescendingly.

But you know that!

JUDGE

Excellency, if you could Kindly answer the question ...

KAUKAMUNDU

We did badly! Misery ... In winter we found ourselves amidst empty fields. Weak water.

Four children, I still remember it exactly, four, died soon after our arrival ... My wife too, totally emaciated ...

DR. FALKNER

Indicates a bow.

Thank you, Excellency.

JUDGE

He misses the the request to speak of the Defense Attorney.

We shall now ...

DEFENSE ATTORNEY

Your Honor ...

JUDGE

Yes, please, what is it you have to say?!

With a look towards the Counsel for the Plaintiff, she gives an almost undetectable nod.

DEFENSE ATTORNEY

Slightly ironical

With your permission ...

JUDGE

Please proceed, Counsel ...

DEFENSE ATTORNEY

Goes to the banister, fixates Kaukamundu.

Your Excellency! Neighboring the *Homeland Herero West*, where you now had to eek out your existence under the strict restrictions of the South African government and under the humiliating Apartheid conditions – in misery, as you put it, for decades, until 1990, until Independence – was *Bushmanland*, the Homeland of the San. How did you get along?

KAUKAMUNDU

Evasive

Those were vast planes. Barren land up to the horizon. Meagre veld over hundred, maybe one hundred and twenty kilometres ... bare bushes, white thorn, the few trees had been chopped down before we came.

DEFENSE ATTORNEY

I mean the neighborly relationship with the San ... living together, even though distances were far ...

KAUKAMUNDU

Do you actually think one can live *together* with them? With those people? They know no rules, no ...

He can hardly control his contempt.

In the first week two cows were missing already ... They are clever, these people, very ... they put up snares. With their bows and arrows they hunt the thinnest rats ...

DEFENSE ATTORNEY

Thank you, Excellency.

Defense Attorney goes back to his seat. Kaukamundu leaves the stand, his age shows in his walk; he is caught in his step by a question of the Defense Attorney before he has left the stand.

DEFENCE ATTORNEY

Excellency, excuse me please ...

Kaukamundu hesitates, looks at the Defense Attorney.

KAUKAMUNDU

Yes?!

DEFENCE ATTORNEY

Excellency, in one of your latest political statements you write, and I quote: «... if the German government does not want to negotiate with us as equals, we will take the land without negotiations« end of quote.

Defense Attorney has walked up right to the petrified Kaukamundu, literally verbally diminishes him.

Pardon me, Excellency, how is that supposed to

happen? The white families off the farms, out of the houses, out of the houses, out and on the street? With beds, furniture, dogs ... homeless in the country that is their home, yes, yes, also their home, they don't have any other home, Excellency! It is their home country. ... And just because they are Africans of German mother tongue? Actually constitutional Namibian citizens ... now suddenly second-class citizens, is that what you want?

Kaukamundu ignores the Defense Attorney, slowly returns to his seat.

COUNSEL FOR THE PLAINTIFF

We reject this lack of respect! Unbelievable!

JUDGE

Sustained.

Defense Attorney wants to start anew.

No, Counsel!

We shall proceed ... and will now hear Mrs Hilde ...

Pages through his papers

Mrs Hilde Karamanda. Mrs Karamanda, would you take a seat here in front, please?

Karamanda rises from her seat, gathers her dress and is already on her way to the witness stand.

KARAMANDA

A bit eager to please, uses her femininity – strategy used with men in «higher positions».

I'm happy to come to the front, Your Honor.

Takes a seat, attentively looks at the Judge, tries to make eye contact with Dr. Falkner.

Mrs Karamanda, you were born in Ababis.

KARAMANDA

Ja, in Namaland, at the outskirts of the Namib, on farm Ababis. Today a big fat white guest farm. Ababis...

JUDGE

How did you get to Walvisbay, into the South African army hospital ... as an employee?

KARAMANDA

Evasive

My family, we are from Kamharus, at the *Leeurivier*, the Lion River, near Keetmanshoop ... Keetmanshoop was terrible!

We were chased from *Leeurivier*. My grandfather already. The land went to the Boers. We had to go to the Nama homeland. No work. But in Ababis they had work for Father. With the horses. When we were older, we also got work there. Rosali came at weekends. From Walvisbay. On the C14, straight all the way. Gravel raod. Five hours. My brother Joseph was her servant for those days and she helped me with my homework. They had a farm school there ...

JUDGE

If you could answer my question ...

KARAMANDA

Shifts back into position on her seat.

Yes. Pardon me...Dr. Rosali Woodland was a military doctor for the South Africans in Walvisbay. A beautiful woman ... She came to Ababis because of the birds, she was a hobby-ornithologist, at weekends, when she could go off duty.

Karamanda seems to positively relive events.

One Sunday she says, Hilde you have to learn a proper job! Father was happy and she took me with her to her hospital. She organized everything. Everything. That was 1985. To wash the bed pans of the wounded that couldn't get up, that was disgusting. To wash the dead ... young men ... but I pushed through. I was expected to train as a medic. Until Rosali asked for me as nurse-in-training for her station. They caught me for stealing medication. Mostly painkillers for our guerillas. Before they could get me, Rosali took me to the harbor, two fishermen dropped me in Swakopmund in their boat. There I met Joe, a commander of the PLAN-Guerilla. We shot down Rosali's helicopter a week later. Everyone was dead already when we got there. Even though it hadn't burnt. We now had loads of medicine ... from the medic helicopter ... it was war ...

COUNSEL FOR THE PLAINTIFF
Nervously arranges her papers.
Your Honor, we ... I think ...

JUDGE
Yes, Counsel, but I think it is good to hear more about the life of the plaintiffs.
Mrs Karamanda, you refer to yourself a «political activist». The «*Occupied Day*» at the Embassy of the Federal Republic of Germany in Windhoek for the rights of the Herero and the Nama has given you publicity even here in the United States of America.

COUNSEL FOR THE PLAINTIFF
Your Honor, Honorable members of the Court, if you allow, we have camera footage from the Embassy of the Federal Republic of Germany, which we would like to show ...

JUDGE
Looks at the jury, the Accused, the Defense Attorney, nods of agreement from all.
Please proceed, Counsel!

A screen is let down from the ceiling, visible to all, dimming of light.

The video is started.

Surveillance camera recording of a conference room with presiding table, a flag stand with the Namibian and German flags in the background. Behind the table, in front of the flags, Hilde Karamanda, who agitatedly talks to the German Ambassador, who tries to calm her down, but Hilde Karamanda refuses with energetic gestures. Herero women in traditional dress draw closer to the table, crowd the Ambassador, who can clearly not control the situation.

Video:

Karamanda: « ... why don't you want to hear this? Mr Ambassador?! Why?«

Ambassador: «We let you in because we wanted the dialogue ...«

Karamanda: «We have come because we finally want answers, we want answers, now! Your security couldn't stop us. Nobody can stop us, nobody! Not with diplomatic notes that ridicule us, not with the police! And there are more of us on the street! If you don't listen to us, we'll get into the cars and we'll go get the land from your German farmers ... Go to the window (wants to drag the Ambassador to the windows by his sleeve), go look! Look down at the street! How do they say in Germany: We are the people.

Ambassador (frees himself from her grip): Mrs Karamanda, we should discuss things calmly and with time ... (His words drown in the protest of the about ten women, who have occupied the embassy with Karamanda, they start singing, the recording is cut off. Lights on.)

COUNSEL FOR THE PLAINTIFF
Gently
Your Honor, please forgive my client for her temperament, which has led her to creatively extend the usual code of conduct.
Increasingly harsh
We want everyone to see, Honorable members of the court – Counsel, can I kindly have your attention, please – we want everyone to see under what kind of pressure my client, an experienced woman, a member of parliament, is subjected to, if she has to use such unconventional means to get the German government to act! And, Dr. Falkner!
Directly addresses Dr. Falkner.
I would not want to imagine what would happen if Namibian civil society supported the cause of our client through actions all over the country. The anger is big! And you, Dr. Falkner, the Federal Republic of Germany, you would carry the responsibility for what happens then ...
DEFENSE ATTORNEY
Your Honor ...
JUDGE
Yes, Counsel
DEFENSE ATTORNEY
In the interest of the spirit of cooperation, we refrain from evaluating your elaboration, not to say your threat, esteemed colleague.
KARAMANDA
To the Counsel for the Plaintiff.
Who does he think he is? Bullshit...

DEFENSE ATTORNEY

Your Honor, if you allow, we would ask the Honorable Court to look at the second part of the surveillance footage …

JUDGE

If there is a second part, please proceed!

The Defense Attorney hands a USB-stick to the court usher, takes the remote control from him, the light dims.

Video of the surveillance camera (overlapping with the first part):

Karamanda:

«Go to the window (wants to drag the Ambassador to the windows by his sleeve), go look! Look down at the street! How do they say in Germany: We are the people.«

Ambassador (frees himself from her grip): «Mrs Karamanda, we should discuss things calmly and with time …«

His words drown in the protest of the about ten women, who have occupied the embassy with Karamanda, they start singing. When Hilde Karaganda turns to the Ambassador, the singing immediately stops.

Karamanda: «Mr Ambassador – yes or no? Yes or no? How many years have we already been debating calmly?«

(Agitated, her voice becomes unpleasantly shrill.)

«Five, ten, fifteen? And another ten, okay? The Jews, Mr Ambassador …«

The Ambassador attempts a calming gesture.

«No, I won't calm down … The Jews were accorded very, very generous reparations by Germany very

quickly. But we are kept on a long leash! We know why! Because we're black« (hysterically hits her arms) «*Black, black, black, black ... Because we're stupid blacks!«*

The women start singing again, the Ambassador wards off their invasion of his personal space, makes for the door of the conference room, Karamanda shouts something incoherent at him.

The recording cuts out. Lights on.

JUDGE

Will that be all, Counsel? Or can we have to expect a third part?

DEFENSE ATTORNEY

Surprised at the clear intention of the Judge not to go into the video further.

No ...

JUDGE

So, no third part. Let us proceed!

Karamanda, straightens herself, smiles.

Mrs Karamanda, you said Keetmanshoop was terrible. As I however understood, you lived primarily in Ababis and then in Walvisbay.

KARAMANDA

Looks at Dr. Falkner, wants to assure that he is listening.

... My great-grandmother, my grandparents were mobilized for the German Schutztruppe, Keetmanshoop, in the barracks, in the military hospital. The soldiers were not so nice when someone had taken oats from the horses because they were so hungry. Those who could, fled into the Karos Mountains, somewhere ... Just far away! Some of them were captured again, if you hit back, you were shot, hanged. Grandfather told us that sometimes three, four would hang from a thick branch. They were left as deterrent, for one day and another day. My great-grandmother, she gave birth to eight children and buried five. She was a brave woman. But she never recovered from Keetmanshoop ...

Karamanda looks up at the Judge, hoping that he will end her monologue, but he nods at her encouragingly.

She had to work by the wounded. A cleaner, we would say today ... On a yard, a bit aside from the military hospital, soldiers packed skulls into wooden boxes. For the Anatomic Institute Berlin, for example. I learned about that later ... They would cut the heads off the hanged. Nama women had to scratch the meat off the skulls. They took turns, my great-grandmother too. It went fastest with the pieces of broken beer bottles, they fit so well into the hand ... *Schultheiß Brauerei Berlin.* Brown bottles, a collector's piece nowadays ... Suddenly, yes ... she had ...

Karamanda takes a deep breath, straightens herself, looks ate the ceiling.

Suddenly she had the head of her neighbor in her hands, Matthäus. Even though some of the flesh had ... already ... already ...come off, she recognized him. She broke down, the soldiers dragged her into the shade, another of our women was ordered to take her place ...

Karamanda takes a postcard from her handbag, puts it on the table in front of her, with a firm, calm voice.

This is a postcard, a military postcard of the German *Schutztruppe* – Regards home from German South-West-Africa! The woman that crouches next to the soldier, is cleaning flesh off skulls. They took photos of it … the Germans. For back home … it's my great-grand-mother …

Hilde Karamanda is overwhelmed by the memories, puts her arms on the banister around the witness stand, rests her head on her arms.

Dr. Falkner has stood up, freezes in consternation, hurries to the stand, leans on both arms, hangs his head. Their heads touch for a moment. Two people are suddenly very close.

The room is silent, in anticipation of Falkner going to his knees … the Counsel for the Plaintiff quickly rushes to Hilde Karamanda's side, embraces her.

The Defense Attorney, still paralyzed a moment ago, rushes to his client, puts his hand on Dr. Falkner's shoulder. Falkner gets up, returns to his seat, dazed. The Counsel for the Plaintiff leads Hilde Karamanda away from the stand.

The Counsel for the Plaintiff and the Defense Attorney have reinstated the old battle order. The moment of rapprochement and reconciliation has been missed.

Usher picks up the postcard from the floor, puts it on the Judge's table. One of the jurors hides her face in her hands and silently cries.

OBSERVER'S TRUBUNE – THE MAN FROM TANZA-NIA, MR AKINOLA

As if possessed he hits the banister in front of him, suddenly screams into the silent courtroom.

We must not let them get away with it … never …! Your Honor …

Pushes into the middle of the courtroom, two bailiffs gently keep him back, unrest in the room.

JUDGE
He is glad that he has immediately found the man's name in his papers and that he can resolve the tension in the room with his call for order and proceed with the hearing.
Mr Akinola, please ... Mr Erasmus Akinola from Dar es Salaam, please stay seated. These proceedings ask a lot from all of us – all of us ... Can I ask you to ...
Akinola shakes off the bailiffs, rubs his jacket sleeve as though as if dirty, grudgingly goes back to his seat with the observers, it grows quiet in the room.
JUDGE
We still have a lot of work before us, ... ladies and gentlemen ...
Pages through a file, reads.
Mr Naubahua and then Professor Moyo with his report ... Mr Naubahua, if you would be so kind ...
Points to the witness chair, Franz NAUBAHUA goes to the stand, remains standing.
Please sit down, ... Mr Franz Naubahua ...born 1968 in Kombat, Namibia, your family lived in a so-called compound since 1965, a guarded mass accommodation for miners, ...before that, for generations, in Omaruru, ancestral settlement area of the Ovaherero, as I read here ... Omaruru, what a tuneful name ... did I pronounce it correctly?
NAUBAHUA
That is correct, Your Honor!
JUDGE
After the birth of your grandfather it was not easy for your family in Omaruru.
Rapes by the Schutztruppe, children that were born ...

NAUBAHUA

Your Honor, I have to rectify something here ... my great-grandmother Maria had learned to read and write at the missionary station. At the mission they also cared for wounded soldiers. Amongst them the trooper of the Schutztruppe, Alfons Winkler from Potsdam-Novalis. A dromedary stag had bitten him in he shoulder.

JUDGE

Curious

... a dromedary in South-West -Africa ... Mr Naubahua ...

NAUBAHUA

Getting into story-telling mode

Yes! They had gotten those from the Canary Islands. Because they only need little water. We, the Herero, gave named it the year of ... yes, I think it was ...yes, the year 1990... we named it *Ojongamero Ovendi, the Year of the Camel!* Beforehand we only had the oxen and the horses, some mules ...

JUDGE

We need to focus. Please ...

NAUBAHUA

Great-grandmother and Alfons Winkler became close, which led to the transfer of the trooper to the northern outpost ... they wrote each other messages ... here, one of my great-grandmother's notes.

NAUBAHUA lifts up a plastic pocket with a piece of paper and tries to find the right tone.

«Dearest, Sunday after church at the Omataka-Post».
Puts down the pocket with the note.

Then Grandfather was born. They hid him in the pontoks. Luckily he was not as light as feared. Great-grandmother had it difficult, but she could breastfeed him well into his second year. Winkler only heard in 1954 that he had an Ovaherero-son. In Potsdam, he heard it through the Rhenish Mission. And so, I think ... pardon me, we're all brothers and sisters. We, my family, we are, if you like, blacks on white land. Life on two different planets. It nearly tore us apart over the years. And it has damaged us more than it has benefitted us. But we will not give up, especially not among ourselves, the thought of brotherliness, also in the Christian sense.

He makes a light gesture toward Dr. Falkner and the Defense Attorney, turns toward the Counsel for the Plaintiff for a moment. Hilde Karamanda hardly manages to stay seated.

That is also part of us, esteemed Counsel ... when I began to organise work a bit better as a foreman with the Hüttners, the Germans on *Alte Erde*, so that it would become easier for us, my colleagues attacked me – it seems like you want to become a *White Foot,* is that what you want? *White Foot* – this dull hate ...

KARAMANDA

Agitated

What nonsense is this, Franz? Will this talk bring back our land? Will your *kind way* get us reparations for what they have done to us? Never! Just Look at them ... *Points angrily at Dr. Falkner and the Defense Attorney, who seem paralyzed.*

I tell you, they are laughing about us, about your stories! What is wrong with you, Franz? What? Have you gone crazy?

NAUBAHUA *leaves the stand, goes to Hilde Kara-manda.*

NAUBAHUA

Throw it in the closet, the AK, the assault rifle, Hilde, in the closet and lock it and throw away the key. *National Reconciliation,* have you forgotten? *Heal our Land,* ... not on your mind anymore? Imagine for one moment, for just one moment, what would happen in our country if everyone makes their demands, ... the Baster, the San, the Damara, the Caprivians, the Tswana ... and what would happen if they would also want to push ...
Calmer
We all only have this one life, this beautiful, grim life.
Almost tenderly touches her shoulder, looks her dress with a smile, looks at her.
Someone that likes beautiful things like you do, doesn't want another war, which would be totally different to ...
Back to the stand, quietly
None of us want it ... a new orlog: between Oranje und Kunene, between the Kalahari and the Ocean...
Musingly, looks at the Counsel for the Plaintiff.
Ovaherero, white Africans of German mother tongue, the yellow-skinned Khoi-Khoi ... It seems to me that external characteristics, ... that biology ... is suddenly important again! That is crazy, Counsel ...
Turns back to Hilde Karamanda.
Where will this end? And what are the real reasons for our latent anger ... And hate is no option ...
Remembers his task in court.
I obviously want ... without question, I want, like you Hilde, clarity from the Euro-rich Germans from overseas. Unity and fairness – together as sisters and

brothers. In the broader sense. But I want to fight for tomorrow, you understand, but I don't want to talk about yesterday all the time …

JUDGE

Mr Naubahua, we have listened to you patiently … would you now tell me how you became farmer on *Alte Erde,* probably a former German farm?

NAUBAHUA

At sixteen I wanted to get away from our pontoks, from the trash, most of all from this shit school, from the talk …you should, you have to, you could … During a visit to mu uncle near the Angolan border, my cousin and I heard that the SWAPO wanted to take us boys to Angola, if we wanted to. To a better life … At night we sneaked to the meeting point. To a better life … we … We sneaked to to the meeting point at night.

It was not a rumor. They were actually there, with their Jeeps. Two days later we were part of the eleventh platoon of the Boys-Camp in the refugee camp of Kwanza-Sul in Angola.

JUDGE

That sounds like a military camp.

NAUBAHUA

No. We were in a camp supported by the United Nations. No longer *ovatjimba*, impoverished Herero … but we still couldn't get away from school … the camp had classrooms with everything. The teachers came from East Germany. I finished school, got one of the coveted places at university. I studied Agriculture in Leipzig-Markkleeberg. I came back in 1991 worker for eight years on *Alte Erde*. I worked my butt off, day after day.

When Hans Hüttner, the farmer, wanted to sell after his first heart attack, he tipped me off. I put in my offer and was successful. I got started with support from the *Landbank*.

I easily fulfilled all the criteria set out by the Land Conference a new farmer has to comply with to take over a farm. There were several applicants.

DEFENSE ATTORNEY

Who obviously does not like the story, snarky.

How lucky ... and then you joined the SWAPO, the ruling party ...

NAUBAHUA

Counsel, I'm a good farmer, I don't have to join a party!

Ironically

And you? What about you?

DEFENSE ATTORNEY

What do you mean?

NAUBAHUA

I mean ... are you – as attorney for the state – are you member of *the* party?

Laughter in the courtroom.

NAUBAHUA

Likable, confident, continues.

Emil Scholz from the neighboring farm mentored me for two years. Scholz, German farmer on *Hagelberg*. Seven thousand hectares. Cattle, Brahman crossing. He looked after me for a year longer at my request...

Smiles in fond memory.

That was a lucky strike for me ... in every way ... I met my wife Betty – Emil's daughter – as you know, she is also here today.

Briefly turns to his wife, smiles.

KAUKAMUNDU
Uncalled.
Me, as Chief... we as traditional authority, we obviously greatly supported NAUBAHUA's application to acquire this farm ... land reform, one of us a farmer!
JUDGE
Thank you, Excellency for the addition ... yes, Counsel?
DEFENSE ATTORNEY
Allow me a question ... Excellency, you have direct influence on the distribution of land to the landless, to new farmers?
KAUKAMUNDU
Wary
Why are you asking? What do you want to say?
Kaukamundu looks at the Counsel for the Plaintiff, she nods.
It's very simple: According to the willing-seller-willing-buyer-principle farms open up all the time. Anyone who is eighteen years or older can apply for the acquisition of this farm through his Chief, through the Regional Resettlement Commitee ... We then check the application and forward it to the government ...
DEFENSE ATTORNEY
Those who have control over the distribution of land are very powerful, Excellency, very powerful. Do I understand that correctly?
KAUKAMUNDU
Gruff
Our traditions ... you know nothing of them and sit here ... you, with your paragraphs ...
Growls
What our founding president once said is true, he said

he didn't know one German in Namibia that brought as much as a bag of sand to Namibia ...

JUDGE

Peaceable

Excellency, thank you very much ... Mr NAUBAHUA, please ...

NAUBAHUA

Rains in September and January, in two of the first years, that was a blessing ... Yes, we managed well. An established group of permanent workers, only one who we had to retrench when taking over, paid, as far as possible ... honored the credits ... the Landbank was happy ...

JUDGE

Yes, please, Counsel!

COUNSEL FOR THE PLAINTIFF

As mentioned before, we have a television documentary at our disposal, which impressively describes the work of Mr Naubahua ... may we, Your Honor?

Usher hands the remote to the Counsel for the Plaintiff, the screen is let down, the lights are dimmed.

JUDGE

Proceed, Counsel.

Professional recording. Celebration in honor of Franz Naubahua and his wife seiner Frau – an anniversary, Naubahua has successfully managed Alte Erde for 20 years. The recording shows a small festive ground in front of the old farmhouse, party atmosphere. Five women of select beauty in traditional Herero dress are singing, interrupted by spontaneous ululation in praise of the farming couple. They are in the company of a group of friendly, middle-aged men – the

Minister of Agriculture and his entourage – and are listening to the traditional praise. They are singing the old orlog-song: «Whose is the Hereroland? – Ours is the Hereroland...«. Cut. In one of the cattle camps. Naubahua and the minister, laughing, hands in the air, amidst a herd of well-nourished cattle. Kaukamundu approaches Naubahua with open arms, hugs him firmly and affectionately. Shot of a drinking trough, where well-groomed cattle is drinking. Sunset behind an acacia tortilis tree. Singing. The lights go back on in the courtroom.

COUNSEL FOR THE PLAINTIFF

Honorable Members of the Court, this is but *one* aspect of the reality, which is: if my clients finally get the chance to cultivate their own land, it will not only improve their wellbeing, but that of the country at large. Franz Naubahua and his team are impressive proof of this! I thank you!

DEFENSE ATTORNEY

It's not that simple, esteemed colleague! The latest statistics ... out of 544 new farmers 199 have failed... Close to fifty percent could not pay off their credits anymore. You have maintained *Alte Erde* well, my sincere respect, Mr Naubahua! Your Honor, would you allow a question to Mr Naubahua?

JUDGE

Please!

DEFENSE ATTORNEY

MR Naubahua, that was definitely a very lovely celebration, with the Minister of Agriculture and with His Excellency Chief Kaukamundu. But where was your mentor and German father-in-law? He was not in any of the pictures ...

NAUBAHUA

With a fleeting smile at his wife next to the Counsel for the Plaintiff.

Yes, the appreciation of our work did us all good. Emil, my father-in-law would have certainly been happy, after all, many of his ideas, his experience can be seen in what we have accomplished on the farm. He unfortunately passed away two years ago.

DEFENSE ATTORNEY

I am sorry for your loss, but that takes me to my question: have you ever thought of mentoring new farmers to help them start out? Or would every successful newcomer rather be a rival – on the highly competitive meat market, for example?

NAUBAHUA

Sir, my God, ... how little you know about us ... I have helped five, no, wait, it was six, six young people to find their feet as farmers. I was a mentor, as you call it. We Ovaherero don't know this word. We say – a brother helps a brother, no matter where he comes from, from which family.

DEFENSE ATTORNEY

And, the six men, or is there maybe a woman among them, will they also soon celebrate an anniversary?

NAUBAHUA

Pensively

No, unfortunately not all of them ...

DEFENSE ATTORNEY

Could you be more specific?

COUNSEL FOR THE PLAINTIFF
Counsel, I have to say ... !
NAUBAHUA
It's fine, Madam.
With irony
He is interested in our life ... the Defense Attorney ...
So: Jerome farms near Outjo, cattle, three hundred
and fifty, without the weaners. Andreas on *Waterbron*
has just lost four cows and eight bokkies, you call them
goats, to lions. His wife Philipina works as a cook on
the neighbor farm, otherwise they wouldn't be able to
make ends meet because of the loans ... Then Hidipo.
Former PLAN-commander, guerilla. After three years
without rain he has leased and released his one thousand hectares. I couldn't stop him. He earns more
money like this than if he would be farming himself.
That is madness! He now manages a Chinese farm.
Wine, grapes, also for your Christmas table, Mr Defense Attorney ... at the river, in the South, at the border to South Africa, at the Oranje River. Edward, yes,
he's getting a broad behind from sitting behind his
desk at the ministry, he just didn't make it. The stress
with the drought. The farm border at the Trans-Kalaha-
ri-Highway, and because of that livestock theft again
and again, fights with the bank about the renewal of
loans. «Land justice on loan, forever ... I cannot live like
this», that was his bitter comment, when he eventually
had to hand the keys of his farm to the bank. Ten farm
workers lost their job that way. And their families have
lost their place to stay. One day and one evening we
were drunk ... his wife had already left for Omaruru ...
well ... But, but it was somehow for the better, he knew

somebody: now he's in the air-conditioned house of the minister, one of us – with hands like shovels and a very sharp mind ... one of the few practicians among the fat cats withe their hobby farms ...

Naubahua stops, thinks, does actually not want to continue talking, then in a throaty voice.

And Salomon, Sali ... well, Sali, he started at the Okavango. Something totally different, but a good start ... tomatoes, cucumbers, vegetables ... but he's not with us anymore. AIDS. Yes, ... the sixth, he has disappeared without a trace ...

DEFENSE ATTORNEY

Insinuating

All of them, Mr Naubahua, all of them Nama?

NAUBAHUA

Irritated

All of them Berliners, Rhinelanders, Swabians, Saxons, or what? Namibia means: *One Nation* ... is that so difficult to understand?!

JUDGE

Gentlemen ... we would now like to ...

Sees that Michael Zareus requests to speak.

Yes, please, Mr Zareus!

ZAREUS

Rises

With your permission, Your Honor, as speaker of the **Reparation Committee** I want to remind everyone of the expectations that our people have of these proceedings. I remind everyone ...

Defense Attorney pages, seemingly disinterested, through his papers. Zareus raises his voice, addresses him.

Counsel, you should listen carefully! I tell you, if our people's hunger for land is not satisfied, if robbed land is not returned to those it was taken from, peace in Namibia is in danger.

Looks around fiercely.

I am trying to remind you of this with restraint and to stay calm, although I see terrible things ... Land reform is nothing but the incomplete execution of historical justice. But land reform is just one way to equalize, just one way. It is of the essence – and that is our unwavering opinion – to also talk about a fair compensation! And to be specific about it, please ...

Defense Attorney wants to interrupt Zareus.

Yes, yes, I know, Counsel, you will now refer to Germany's foreign aid. I tell you, Sir, I tell it to you personally – for me foreign aid is not an act of charity! Not at all! The transfer of money in this way shows me that you owe us something and at the same time it confirms, that deep inside you understood a long time ago already that Germany has to pay!

JUDGE

Mr Zareus, I refer to the first part of your pleading. You explicitly insist, in the name of your committee, on material compensation?

ZAREUS

With all due respect, Your Honor, I simply want to point out, with urgency, what our demands of compensation for colonial violence are ... It is about the recognition of past damages and the resulting poverty till today ... thank you!

Zareus demonstratively takes his seat.

DEFENSE ATTORNEY

Your Honor, I take the liberty to make a remark in order to correctly assess the economic aspect ... At the end of World War I the German Kaiserreich had capitulated on 9 July 1915 in South-West-Africa, on 16 August the country was completely occupied by South African troops ... For the German treasury German South-West-Africa was a subsidized colony until the First World War. The excellent infrastructure built by the Germans – railways, from North to South, from Windhoek to the Atlantic Ocean, the telegraphic network, medical care – it all cost money. When these investments started paying off, the South Africans took over the power, the economy. From the day of the capitulation and especially when South Africa was accorded the mandatory power over South-West-Africa by the League of Nations in 1919, the responsibility for the social welfare of the people in the protectorate was in the hands of the South African administration. And that was from das 1919 till 1990 ... until Namibia became an independent state.

Betty Naubahua-Scholz cannot restrain herself, she jumps from her seat and loudly interrupts the Defense Attorney.

NAUBAHUA-SCHOLZ

Counsel ... I have difficulty holding back ... Please excuse me, Your Honor ...

JUDGE

Kindly

Excused ... please!

NAUBAHUA-SCHOLZ

Counsel, I am outraged ... You know the numbers ... please stick to the truth! The Germans, yes, also my fore-forefathers, took from the land all they possibly could. In 1913 example ... we were always good at statistics ... 1913 89 percent of the 205 642 stood on white farms! About three percent ... three percent of the animals, only 6200, if I estimate correctly, belonged to the original cattle breeders – the Herero and Nama! Yes, then there were the stones! In 1913 twenty percent of the world's diamond production came from South-West ... superior quality. The blacks, the Coloureds, crept through the sand on their knees, the white bosses cashed in ... Is that clear, Counsel?

DEFENSE ATTORNEY

Of course, dear Mrs Naubahua-Scholz ...

NAUBAHUA –SCHOLZ

What I actually wanted to say, Your Honor – the afore mentioned *material compensation,* in my view, also entails the *recognition that those concerned were the victims of historic injustice*! That is of great importance for the personal perception of the self of those concerned ... even though much of this seems to have happened a long time ago. That is what I wanted to add.

JUDGE

Thank you! Ladies and Gentlemen ... we have heard the representatives of the class action. Would you agree if I now call upon the evaluator to present his findings?

Judge attentively looks around, takes his time.

No objections. Then I ask Dr. William Moyo, professor at the Faculty of Agriculture of the University of Stockholm and Research Director of the Institute for Land Questions in Sao Paulo/ Brazil, to the stand.

Dr. William Moyo quickly walks from the auditorium to the witness stand. Moyo is a tall, slender man, sporty, almost elegant, forty years old, discreet body language.

Dr. Moyo, please!

MOYO

Only has a few pages in his hands, starts with the indication of a bow.

Honorable Members of the Court, Your Honor, Ladies and Gentlemen, ...

He looks around, also looks at the Observers.

you have the report in front of you. Comprehensive, including references. I was asked to only present the essence of our assessment. It is my great honor to do so and I hope that we can support the Honorable Court with our paper on «Restitution – Land Ownership and Poverty Reduction in the Context of Reparation«. The Honorable Court is approaching the issue carefully and step by step – it is very difficult terrain.

With our special expertise we want to help to identify the traps that lie in the way of justice in time. We merely want to make our contribution as an expert. It is the Honorable Court that will eventually administer justice.

Frantz Fanon, the incorruptible analyst of the relations between what he termed the Third World and the Western World, stated with regard to the connection between liberation and land that «For the colonized people the most important value – as it is the most concrete value – is first and foremost the land ...«

Following this experience, the First Namibian Land Conference after Independence made the claim to

«Give the land back to the people!« Reference is made to «ancestral land« that is to be returned ...

Karamanda enthusiastically interrupts him.

KARAMANDA

With a look at Dr. Falkner

Finally someone says it clearly! Finally – and also here, in this place – thank you, Professor!

MOYO

Surprised

Dear Mrs Karamanda, I have followed your engagement with respect and sympathy, I have great understanding for your emotions. But lets us take a step back to look into the arena: the so-called white farmers and the land they gained during colonial times are at the centre of the land reform. As *white settlers*, so I have learnt, they do not belong in Namibia, they are still seen as representatives of colonialism, after all these years! And from a moral point of view they were even seen as the perpetrators, when this heated debate reached its climax – they own too big a part of Namibia.

However, if we want to give the land back to the people, we need to ask the question whether the «white farmers» are not part of the Namibian people, as Africans of white skin and sometimes of German mother tongue. It might be painful for many, but we must ask this question!

Are they not as a matter of course constitutional citizens? They enjoy the protection of the constitution of a free and independent Namibia, which guarantees the protection of private property in Article 16.

KAUKAMUNDU

Irritated

Sir, I am listening ... but what are you saying?! You expect from us, the robbed, to go on our knees to beg the robbers to give us back what they have robbed! We went to orlog for that! We are victorious, but we are still not the masters of our land!

Tired

Since Independence Day on 21 March 1990 — and everybody here knows that — merely 20 percent of white farmland has been given into black hands...

With a strong voice.

No, if it has to be — expropriation! With a changed constitution that will be possible soon ... Excuse me, Your Honor ...

JUDGE

Does not react to Kaukamundu's remark.

... I would like to encourage the parties to question Professor Moyo. Professor, I assume that is in your interest too?

MOYO

Certainly, Your Honor!

To my surprise it is often overlooked that almost fifty percent of agriculturally usable areas in Namibia are situated north of the so-called Red Line, in the upper half of the country, in the former Ovamboland. An unbiased look at the map is enough ... In the bloody history of land-grab and land loss the land north of this line, the Ovamboland, was never affected by colonial land seizure. It is therefore, according to the current diction, not available for distribution. But should it not play a role in the present day too? – In view of land justice?

In this regard, let us take a closer look at the term *ancestral land.* Does that not mean «This has always been ours!«?

What does that mean, it has always been ours? How far do we go back?

Is it in fact the right question? Who does it include, who does it exclude? With which consequences for *national unity*?

A representative of the Damara at the Land Conference even said that the Damara are the only ones, besides the San, that could claim Namibian land as theirs, as they were there before the *Nama, Herero, Ovambo and Germans.*

KARAMANDA

Snide

That man corrected himself long ago! You probably missed that in Sao Paulo ...

MOYO

Dear Mrs Karamanda, let us have a look together at what we are talking about and what we possibly base our judgment on ... I have to take a step back to make myself understood ... Originally the land in what is today Namibia got its structure through waterholes, trough boreholes. Not through borderlines and camp fences. Title deeds? These were forced on the people during colonial times, from the outside. It was not at all part of the people's culture. It is today still a deep-seated conviction of the Ovaherero that «Hereroland is where my cattle grazes.«

KAUKAMUNDU

Feels addresses, rises with dignity.

And this land is sacred because of the Ancestors!

MOYO

Without reacting to Kaukamundu's remark.

Private property was unheard of. The Chiefs, the *ova-hona*, did not distribute *property,* they merely accorded *exploitation rights,* usually within their own clan ...

KAUKAMUNDU

As if in dialogue with Moyo.

Yes, that is correct, the Chiefs, we said go there, don't go there, there are others, there the grazing land is bad already! You are right, Professor, Hereroland is where we are with our cattle.

MOYO

However, the areas might have until recently been utilized by the Nama or the Mbanderu had just left them and moved on.

Good pastures, bad pastures, strong water, weak water – those were the criteria! There was no property as such.

In the light of this, *ancestral land* becomes more of a feeling than a fact ...

ZAREUS

Wit all due respect, Your Honor ...

JUDGE

Please, Mr Zareus ...

ZAREUS

Professor, how can you say that land is a feeling? Land is a very real thing!

Economists even call it a production facility ... But for

us Herero it is much more! Land is the basis of exist-
ence for our cattle and our cattle is part of our identity!
Until today and it will always be like that, in spite of
Toyota, Internet and cellphones!

Land, Professor, really! You either have it or you don't ...

MOYO

Dear Mr Zareus, I am talking about the term *ancestral
land*. My report is motivated by the effort to name the
traps, which I am certain you are aware of and know ...
Possibly question the validity of battle cries that circu-
late in times of elections, public opinion-making, political discourse. Would you like me to elaborate further?

ZAREUS

No, thank you, Professor!

MOYO

Your question gives me the opportunity to present
another part in the chain of argumentation. With regard to the societal process of the fair distribution of
land we often hear about the *hunger for land* of the
people ...

The expression suggests: give the land hungry land
and they will be satisfied. Let us go back to Frantz
Fanon and read the second half of the sentence:

«For the colonized people the most important value –
as it is the most concrete value – is first and foremost
the land: the land, which has to ensure bread and dignity.»

Fanon insists on the importance of Land because it
«has to ensure bread and dignity«!

Conversely: landless equals to poor, to hungry? Does
the redistribution of land automatically result in the
reduction of poverty?

KARAMANDA

Outraged

What kind of question is that, Professor?! The *white* farmers, the occupants, – yes, I consciously choose to say *occupants* of Namibian soil – are the rich in our country!

MOYO

I beg of you, dear Mrs Karamanda, look at the reality – the rift besten the Richard the poor has considerably widened in the last ten years.

Sixty percent of rural households have to be run on the equivalent of less than two US Dollars per day ... to-day 600.000 people live in 230 informal settlements, without land rights. ... That is almost thirty percent of the Namibian population ... that is one third of the pop-ulation in slums, in squatter camps, children ...

KAUKAMUNDU

Agitated, jumps up.

You want to explain our life to us? Mislead us! This is about the guilt of the Germans, that's what it is about ...

Pants for air.

Who, who do you think you are?

Looks at the judge imploringly.

JUDGE

During the preliminary talks both parties asked for the findings of the evaluator ...

Turns to the Counsel for the Plaintiff, who comments without being asked to.

COUNSEL FOR THE PLAINTIFF

Yes, we need the independent expertise to make a clear decision ...

JUDGE

... The point of view on the state of things is naturally differs ... Please proceed, Professor!

MOYO

Thank you! ... The government wants to help the disadvantaged, for example those in the informal settlements, with the acquisition of land through different programs. Following the principle of *willing seller – willing buyer,* the government buys farms with state funds, structures them into economic units and then leases the land to landless Namibians for ninety-nine years.

In the past five years the government has acquired only 155 farms for this purpose.

KARAMANDA

Unsettled, holds back her outrage.

We know all of this, Professor, also your report. It takes too much time ... it's too complicated! Our people are losing their patience!

MOYO

I agree. Absolutely! After more than twenty-five years of independence ...! It is up to the state to accelerate the process and, wit all due respect, not our business ... Let us stick to fighting poverty as the priority and let us take a look at an example.

Take a farm of 8.000 hectares acquired by the government. It is divided into economic units. Eight formerly disadvantaged families, let us say, five people each, are selected and subsequently resettled, leased land. Novice farmers, primarily from the informal settlements in the urban areas, usually without own capital. The goal is to be self-sufficient. Meat, milk. At least ... These inexperienced novice farmers find themselves on pieces of land that are too small for agricultural use, while the workers of the original farm, maybe six people with families, lose their workplace *and* a place to stay! The eight new farmers live at the limit themselves and cannot sustain them too. And the farm workers have no claim to land ownership, such is the law at the moment. They are out on the street, lose work and accommodation – these are the new poor.

Unrolls a chart showing the subdivision of a farm into small economic units.

You see, fifty mouths must now be fed on these eight economic units! To invest in livestock and equipment there is not enough money, their credit-worthiness is questionable. The simple repair of a water pump, the changing of a sealing becomes an existential issue because of the lack of money. The effect: the eight families live as resettlement farmers off the substance of the original farm. When that is depleted – the end, game over – they are on the brink of starvation yet again! But now on their own turf!

It is also possible to sell entire farms to novice farmers, to previously disadvantaged, through various support programs. They usually have difficulty to produce more than for their own subsistence, which would be necessary to pay off loans. 2004 it was established that out of 544 of these farms, 200 could not pay off their loans! The «favored» had not become wealthy, even after years of drudgery and long working hours.

The land, now the property of the bank, was auctioned and more than often landed in the hands of the wealthy of urban origin. That is the reality … *According to the law, yes according to the law*, members of the new elite are eligible for preferential consideration for resettlement because they were disadvantaged by colonialism ...

Unrest on the bank of the Observers, Kaukamundu also unsettled.

The former resettlement farmers, let me still add this, are now ruined and insolvent, their workers are usually on the street again or in worse-paid jobs with the new resettlement farmer ... Does the redistribution in its current practice reduce poverty as hoped for?

He turns to Kaukamundu with comprehension.

Excellency, there cannot be any doubt that a fairer distribution of land is necessary. If the redistribution of land is however perceived as a condition necessary for the acceptance of societal order, the state is in a difficult position ...

You, Excellency, with your political experience and we, as scientists, must look at the world as it is and realize that it is destructive to play with economic suicide just to satisfy a political matter of principle.

Judge notices Naubahua's request to speak.

JUDGE

Yes, please, Mr Naubahua!

NAUBAHUA

Professor, we call upon the Federal Republic of Germany to engage in structured dialogue guided by the principle of what scholars apparently call *restorative justice*, under the aspect of symbolical and material compensation – the latter obviously includes money ...

We have really had enough of the exchange of political statements. In your experience, Professor, is there a way to still effect the redistribution of land such that it makes economic sense?

MOYO

Looks at the Judge, unsure.

Mr Naubahua ... it is not the purpose of my report to formulate political solutions. I'm convinced that once justice has been spoken here, in this very court, you will set the right course for action at home ...

KAMARANDA

Disappointed, almost desperate.

You are chickening out, Professor! No new ideas yourself ... or you are just scared ... all just hollow talk.

Grumbling in the ranks of the Observers.

THE REPRESENTATIVE OF CAMEROON, KELLY TAWALA

Karamanda is right!

First they take the land and hundred years later they want to placate us with academic maize porridge! A disgrace, that's all I can say!

Moyo, sad, makes a helpless gesture.

The unrest amidst the Observers continues.

JUDGE

With a look at the jury, then at the parties.

Counsels, if there are no further questions for Professor Moyo gibt, we release the Evaluator ... thank you ...

Moyo wants to leave the stand.

Just a moment, Professor, if you could please, ... what do you think ...

The room goes quiet immediately, the Judge shows private interest.

What would be good for this wonderful country in the

South of Africa, what should happen so that balance is restored?

MOYO

Surprised

Your Honor, as evaluator, I cannot, with all due respect ...

JUDGE

Of course not ... You have been released from your duty as evaluator this minute ... My question goes beyond your mission here in court. It is your opinion as Brazilian citizen that interests me, let us call it the *private outlook.*

MOYO

As a private individual ... alright. In principle, of course: *Takes a deep breath, like before a great effort.*

Above all, everyone has the right to justice ... But excuse me, Your Honor, what am I saying, here in this place ...

Mindful, concentrates on his expression.

Of the formerly disadvantaged, those who have been liberated, be it the Herero, the Nama, the San or others ... philosophical question, Your Hounour, have the «whites», in the larger sense, not been liberated as well? ... We expect of the liberated to champion ideals that are rare in these times, almost unheard of ... forgiveness, graciousness, empathy, tolerance. That is the way I see it, ... my personal view, as you said ... For the larger debate one should try to see, to unravel the intertwined history with the eyes of those who will come after us ...

Kaukamundu has left his seat, walks up to Moyo,

stands almost directly in front of him, listens to his words in disbelief, Moyo concentrates on the Judge.

To insist on traditions, I mean, to get entangled in them, to want to implement them at all cost ... against the spirit of the time, against the ideas of the young ones, would be a return to the kirri and the ox-wagon. The price would be high – the bread of the grandchildren, national unity. To wear off the thick skin that has grown under the friction of history, the armor of prejudice, to give hope a chance in this land of the sun ... that will hurt, very much so. Even then, when better times are on the horizon, it will touch the innermost ..., but maybe it is ...

Kaukamundu beyond himself with anger, about to beat Moyo.

KAUKAMUNDU

What, ... what are you saying ... You are just one of them ... probably paid ... a sell-out ...

Kaukamundu breaks down next to Mayo with a sigh, the nurse and a bailiff rush to the scene, the members of the court, the parties look on in horror, KAUKA-MUNDU *wards off the helpers, pulls at the banister of the witness stand, sits on the floor, stares at Moyo, who kneels in front of him. In the distance we hear the siren of an ambulance.*

JUDGE

Rises, clearly moved, grapples for firmness.

This court is adjourned! *A projection screen is wheeled before the curtains, the first pictures flicker over the screen.*

THIRD ACT

A typical promotional film of Namibia is shown on the projection screen. Happy people of different skin color, wide open spaces, the ocean, dunes in the evening light, lions, elephants, camp fires ... after a few minutes the screen is pulled up, the last colorful images flicker across the courtroom, which is slowly lit. It is empty, with one exception: on the side of the plaintiffs Kaukamundu in a wheelchair, to his right the nurse, who passes him a glass of water, Karamanda is sitting on his left, holds his hand for a moment. When the Usher enters the scene, Kaukamundu retracts his hand, pulls at his uniform.

USHER

Ladies and Gentlemen, please be seated for the continuation of the hearing, all be seated, please!

Everyone takes their seat. The Judge and the Jurors enter the room, all persons present, except Kaukamundu, rise.

JUDGE

Please take your seats ...

Ladies and Gentlemen, proceedings are now continued, also on the express wish of his Excellency Paramount Chief Alfons Kaukamundu. Excellency, you put us youngsters to shame wit your energy, my sincere respect ...

Mrs Thomson, if I could now ask for your closing address.

COUNSEL FOR THE PLAINTIFF

Honorable Court, Your Honor, Ladies and Gentlemen.

United States-law accords people who are affected by the Law of Nations the right to bring an action before an US-court, irrespective of whether they are US-citizens or not. This may be in the form of a class action – also against other states.

My clients are making use of this right.

The elements of the offense lie in the past. It is therefore important in this context to emphasize our legal conception, which states that the «Deutsche Reich« has not expired as an international legal personality and is in this respect identical to the Federal Republic of Germany. That is, the rights and duties of the international legal personality remain the same to the full extent – the Federal Republic of Germany as legal successor of the German Kaiserreich, that is the background to our elaborations.

And: the crimes and violations heard before this court are not to be judged as individual, criminal actions, no, these injustices were committed in the name of a political and judicial order.

The accused, the Federal Republic of Germany, is a member of the United Nations and is signatory to the Convention on the Prevention and Punishment of the Crime of Genocide of 1948. And it is bound to the Declaration on the Rights of Indigenous Peoples of 13 September 2007.

Over the years the concerned as well as historians and scientists have collected information and tested it on its plausibility and sustainability. This has led to a body of evidence that sustains our claim and as a consequence our demands.

In the sense of actions taken by the state, the German

colonial authorities in what was then South-West-Africa committed genocide and expropriation between 1885 and 1909 in contravention of the Law of Nations. This is to be judged as genocide.

The murder, the enslavement, of entire peoples were in particular effected during the abatement of the so-called Herero-uprising of 1904 under the command of General von Trotha. Those who survived the abatement were penned up in concentration camps and forced into slave labour. Tens of thousands died.

This is to be judged as a crime against indigenous peoples.

We demand reparations for the damage suffered by the claimants as a result of the violation of the Law of Nations, including genocide and the violation of the rights of indigenous peoples.

We demand compensation and the payment of reparations for expropriation and the robbing of cattle and the resulting poverty that persists until today. Demands over the amount of six billion Euro have been made for years already. Activists, who regularly frequent the regions concerned, are now of the view that, with interest and interest on interest accrued, 200 billion or more would be completely justified ...

We demand that bodily parts transported to Germany for inhumane racial experiments be transferred to their home country without delay.

With special reference to paragraph one three three two of US-Code 28, we demand the direct involvement of the concerned in the outstanding negotiations.

Let us remember one more time that human dignity is at the centre of our efforts. We should decide accordingly. It is indisputable that the rehabilitation of dignity does not only call for practical political action, but also for an adequate material and financial compensation. Thank you!

JUDGE

Counsel for the Defense, are you ready?

DEFENSE ATTORNEY

Yes, Your Honor, I would like to begin.

JUDGE

Then we shall hear your plea now!

DEFENSE ATTORNEY

Honorable Members of the Court, Ladies and Gentlemen, we have all heard the impressive reports of the concerned and it has become clear once again that there is no simple way to achieve historic justice. In the eyes of Counsel Dr. Thomson, however, the solution seems to be lying on the streets for free, may one just stoop down and pick it up – what you propose as solution, what according to your gusto we just have to pick up from the street, is an unlocked hand grenade, which will backfire on us all and which will not bring us one step closes to reconciliation.

Well, do you really want to stop the politics of national reconciliation in the country?

It is beyond doubt that the events between 1904 and 1908 are terrible crimes and that they are to be characterized as genocide.

We have to assume that the categorization as genocide takes place in a historic sense, but that this categorization cannot be linked to the legal implications as per the United Nations' Convention on the Prevention and Punishment of the Crime of Genocide of 1948.

To bring it to the the point – the Convention on the Prevention and Punishment of the Crime of Genocide does not apply in retrospect.

KARAMANDA

Jumps up.

How can you allow this here?

Counsel for the Plaintiff turns towards Karamanda, tries to calm her.

DEFENSE ATTORNEY

unperturbed

In fact we … please … we in fact grapple with our history and are relentless in our efforts to understand and reconcile, as a scathed nation that is part of our national consciousness. We consider history from the historic, the political as well as the moral side. This being said, it has to be stated that today's laws do not provide a solution to the issues created by events that took place a hundred years ago. That is difficult to understand if one considers the things that were once again presented here today – and so some draw false conclusions and think that if one identifies these events as «genocide» and names them as such, legal consequences will automatically follow. This is not the case.

Unrest on the Observers' tribune.

Injustice committed by persons who are long dead, injustice for which long dead people are responsible. – reconciliation against such a background is unbelievably difficult, but we should have the courage to aim for it! With this hearing we find ourselves in uncharted waters … and we should find out through a political process, in a dialogue between equals, how we can deal with the moral injustice today so that our people have a good joint future.

Unclear protest from Karamanda

What we mean is that our reconciliation must have a connection to the present. It is true that hungry people disregard the current interest of the nation, that they are distracted from problems that are of concern for all. We will therefore support the *Development Plan 2030* with increased efforts, especially for the Herero and Nama. In essence: We will join the fight against poverty. The political freedom gained in 1990 after a long struggle should go hand in hand with economic freedom. Human dignity campt be attained without a certain degree of economic freedom.

As part of our efforts to support a sincere reconciliation, we will support the eradication of poverty with 289 million. For this purpose the Namibian government has recommended seven Regions to help in particular the Herero and Nama to overcome discrimination and ...

KARAMANDA

Who is feeding you these lies ...?

DEFENSE ATTORNEY

Can I proceed? Thank you!

Mrs Karamanda, if you would be so kind as to accept the facts. I gladly provide you with the names of the Regions, which are: Kunene, Otjozondjupa, Erongo, Omaheke. – The Khomas, Hardap and Karas Regions in the south are also included. isn't that your constituency, dear Mrs Kamaranda? 80 million Euros will go towards vocational training. Yes, yes, please do not interrupt me ... yes, and 70 million – 70 million Euros! –

towards land reform, for example in support of the program to buy land ...

Do you, Counsel Smith, expect the Namibian people to return to the past in the face of these opportunities and to remind themselves of their dignity from a past position?

While you, esteemed colleague remain in fight mode, the Namibian people have long wished for reconciliation. A reconciliation that goes hand in hand with a betterment of the living conditions of the Herero, the Nama ... *we do not want black holes that swallow money, which eventually accumulates in the taut udder of government, which the fat cats* feast on ... verbatim from a government-friendly Windhoek newspaper from ten October ...

Together with our Namibian partners we will work on a Foundation for the Future that brings together the young people of our countries and that establishes the basis for a common culture of remembrance.

One more remark regarding negotiation practice: in the case of contentious issues between states it is international custom, even under the most difficult circumstances, that governments negotiate with governments and that the respective governments nominate the representatives who will at the round table. The Namibian government naturally wants to act as a legitimate, democratically elected government representing the entire population and thereby of course the Herero und Nama. We deem it inappropriate, Counsel, if you expect of us to influence the Namibian government to change the composition of its negotiation delegation!

We are currently discussing a comprehensive package for aid and cooperation that the Namibian population, and especially and mainly the Herero and Nama, accept as a solution on the basis of which reconciliation is possible.

I move for the adjournment of proceedings!

OBSERVERS

Rise. Chant in a many-voiced choir.

We will not yield! We will not yield! We will not ...

JUDGE

Thank you, Dr. Freudenberg!

To the Observers

Please be seated and do not disrupt the hearing! Please listen, we want to proceed. Silence, please!

OBSERVERS

In unison, beating the rhythm with their hands and feet.

We will not allow this! We will not allow this! We will not ...

JUDGE

To the Usher

Please show the ladies and gentlemen out! Immediately!

The Observers let the Usher take them outside, their chants slowly become softer. Karamanda wants to follow them. The Counsel for the Plaintiff is nervous, holds her back.

JUDGE

Let us proceed.Dr. Falkner, you are representing the Federal Republic of Germany. Your country stands accused.

The accused has a last opportunity to make a statement. If you wish to do so, please proceed, Dr. Falkner!

DR. FALKNER

Thank you! Honorable Members of the Court, we will part after your verdict to return to the places, where the people live who have sent us into this unusual dialogue, who have sent us on a final peace mission. I wish to say that we have built the foundationl ... also the material, financial ... we have built the foundation for a bridge of reconciliation, which is leading us from the past into the future.

I will walk over this bridge, I shall ...

Falkner takes a few steps towards the middle of the room.

... look at the dark fields of our common history, and I shall bow my head in humility before the ancestors, before the peoples of this country, who have suffered so much under the cruelty of my forefathers.

KAUKAMUNDU

Rises, stares in front of him, past Falkner. Falkner walks to the barrier before the plaintiffs. He stops in front of Hilde Karamanda, looks at her.

I ask for your forgiveness! I ask the Herero people, the Nama people – to forgive us!

Please forgive, dear Mrs Karamanda, the unimaginable atrocities your family had to endure. I ...

KARAMANDA

With a forced air of coolness and aloofness.

I ... cannot do it yet, Doctor...

Karamanda straightens, looks Falkner in the eye, now a gentler than before.

I believe that you actually understand me, Dr. Falkner, you're not an *otjirumbu,* for sure ...

Falkner visibly aggrieved, takes his original seat.

DR. FALKNER
Thank you, Your Honor!
JUDGE
Honorable Members of the Jury, you have heard the parties, the Evaluator has again pointed out the essential aspects of this extremely complex subject matter and, as he said, alerted us to the snares at the side of the road.

There is no doubt about the perpetration of the offenses, the claimants as well as the accused have made this clear.

The Intention of the parties to reach reconciliation is clear, a reconciliation, which gives both countries the chance to design their future relationship free of past liabilities. Honorable Jurors, your verdict can indeed have an effect on the shaping of International Law.

You have a fifficult decision to make, I am sure it will be a fair and just decision.

Judge rises, leaves his place, the others follow his example, the curtain falls.

INTERLUDE 2

Mr Smith, the employee of *Smith & Smith appears* on the forestage.

SMITH

In mild floodlight, the auditorium not too brightly lit.

Ladies and Gentlemen, we are all still full of impressions of these unusual proceedings. The key words are still reverberating in our ears.

Recognition – apology – reparation.

Your continued exceptional attention confirms the assumption that you are not indifferent to the conclusion of this hearing.

Before we hear the verdict of the Jury, we would like to ask for YOUR verdict.

Please lift your program or put up your hand after the applicable question. Our assistants will count the votes. You can of course also abstain from the vote.

Alright, I now ask for your attention! Who is for a judgment in accordance with the closing statement of the Counsel for the Plaintiff, Dr. Sofia Thomson? If you agree, show of hands please!

Looks into the auditorium, three of the assistants from Smith & Smith are positioned right and left of the spectators, they count the show of hands.

SMITH

Yes, I do understand if the one or the other is still hesitant ... good, let's count.

The assistants pass the papers with the votes to the stage.

SMITH

Thank you! And now ... who is for acquittal – under condition of the offer presented by the Defense Attorney – Could you please hold up your program oder put up your hand ...

The assistants hand the papers with the counted votes to the stage.

SMITH

And now for the abstentions. Who wants to abstain from the vote? May I ask for your show of hand? ... Anybody else? ... abstentions ... yes, thank you, you will be added ...

Good, much appreciated!

The assistants hand the papers with the counted votes to the stage, Smith lays out the papers on the floor in front of him.

SMITH

What a surprise! XXXX of you are for acquittal!

And XXXX voted for a condemnatory sentence of Germany.

Mumbling in the room, few attempts to start applause.

XXXX of our spectators in the house have abstained. That's not ...

Before Smith can Finish his sentence, the curtain rises, he steps aside.

FOURTH ACT

In the courtroom
USHER
Ladies and Gentlemen, please be seated! The hearing will now continue! Please be seated.
Everyone quickly take their seats. The Judge and the Jury enter, those present rise, except Kaukamundu.
JUDGE
Please be seated.
The Judge takes a note from the Usher, looks to the right and left at the jury.
Ladies and Gentlemen, we all had to learn about the extremely complicated state of affairs around this case. The conclusion of this hearing will have far-reaching-consequences, also for international law ...
Minneconjou-, Lakota- and Sioux-headgear (for practical theatrical purposes, use generic, voluminous feather-headgear to symbolically represent these) fall from the fly floors with a loud thud and dust. Reminder of the massacre of the «Red Indians» at Wounded Knee, 25.12.1890, of the politics of displacement of indigenous people.
The own American history has suddenly invaded the Honorable Court. Without commentary. One moment of silence, while those present rise from their seats in surprise, some stunned.
When the cloud of dust dissolves, the Judge has found his feet again.

JUDGE
Usher!
My God, where are you! Usher, remove these ... these
things ... remove them immediately! Immediately ...!
More to himself than to the others
Unbelievable ...!
*The Usher, eager, tries to collect as many pieces of
headgear as possible, even puts on a particularly
beautiful one himself – head/shoulders – in order to
free his hands, while the Judge whispers to the Jury;
he can hardly conceal his anger.*
JUDGE
Come on, speed this up!
*Hilde Karamanda wants to help, leaves her place,
picks up the remaining parts of the headgear from the
floor and loads them onto the open arms of the Usher.
The heavily-loaded Usher now moves toward the side
exit. A particularly beautiful headgear is left lying on
the floor. Karamanda lifts it up, looks at it musingly,
strokes the feathers almost tenderly and takes the
headgear with her to her assigned seat, over which
she drapes it like a trophy. All of this happens very
quickly. The Judge pages through his papers, all the
while noticing what is happening in front of him.*
JUDGE
Has difficulty controlling his agitation.
In such a complicated case great care has to be
taken, nevertheless it is understood that the jury has
to reach a unanimous verdict, as in every other case.
They are however currently not able to reach a unanimous verdict. We have to call for another session of
this court.

You will hear about this in a timely manner and through the usual channels.

Today's proceedings are now closed.

Thank you!

POSTLUDE

Open stage. Look and feel of a theatre foyer. It is the foyer of the «National Council Building», where the National Assembly is assembled for a special session. The session is about to begin.

Milling about of men and women in traditional dress but also business dress. A mass of people has gathered in Front of a screen, we see the backs of the people.

In the foyer, facing the audience, a TV-Reporter of the Deutsche Welle. He comments on the images on the screen.

REPORTER

Members of parliament have arrived here exceptionally early today for an extraordinary session.

Bell calls the representatives into the chamber, the foyer empties.

Two agenda items: item number one: address by the guest speaker, the new President of the German Bundestag. She comes from the *PPM, Partei Progressive Mitte, Party of the Progressive Middle.*

Item number two: adoption of the *Law for New Cooperation with the Federal Republic of Germany,* which includes additional conciliatory material compensation by Germany. The newly-nominated Foreign Minister of the UEM, the *United European Movement,* has excused herself; she is currently in Moscow for the extraordinary meeting in preparation of the *Treaty for Security in Europe.*

Turns halfway to the screen.

The people here in the streets or in parliament are literally absorbing the dramatic images of the past ten days.

We only see the images, reporter from off.

The sudden passing of His Excellency Paramount Chief Alfons Kaukamundu... here we see the procession of the *otruppa* ...

Columns of otruppa-fighters – archive pictures

in their unique uniforms ... the coffin, in which Kaukamundu – sewn into a cow-hide as tradition demands – is taken to the burial site ... yes, and here once again the unbelievable scenes ...

Franz Naubahua is thrown into the air by laughing young people, celebrated like a pop star.

Masses of young Herero, indeed masses of young people, instated Franz Naubahua, an ordinary farmer, as the new chief-negotiator for the negotiations with the Germans ... unbelievable ... instated in Kaukamundu's place in the face of the traditional authorities.

Incredible! Awesome! ... An understanding ...

Franz Naubahua at the round table

... has been reached with the newly-formed German government that hallowed earth from the site of the 1904-Massacre in the Omaheke-Sandfeld, will find its place in Berlin *Unter den Linden*, under a granite plate of the *Central Memorial of the Federal Republic of Germany for the Victims of War and Despotism.* The earth from Namibia is representative for the people of Africa and the gesture is viewed by the African Union ...

The video shows an African Union flag.

..., by over 50 states on the continent, as an act of conciliation, even liberation, from an unbearable joint burden. Here in Namibia celebrations have been enthusiastic, to say the least.

The Brukkaros-Corvette of the Namibian Navy ...

Image of a war vessel leaving the Walvisbay Harbour.

..., by the way a vessel constructed by the Chinese, will take the said hallowed earth to Hamburg. The vessel's arms will be symbolically sealed and it will carry passengers – representatives from Tanzania, the Herero and Nama communities, the San communities ... in eleven days, along the German Woerman-Line, on which the German Schutztruppe used to be shipped to South-West.

The Brukkaros will anchor in the former colonies of Cameroon, Togo ... once in Hamburg, the capsule will be taken by a relay of sportsmen and -women from ...

Briefly turns to the auditorium, fingers with his earplugs.

Just coming in: News that the law that newly regulates the relations between our country and Namibia has been unanimously accepted ... the much anticipated reconciliation address of our Madam *Bundespräsidentin* has just ended with much applause ...

Singing rises in the background, becomes louder.

The wide doors of the chamber are pushed open, the singing parliamentarians stream into the foyer, the President of the German Bundestag in their midst, Hilde Karamanda and Franz Naubahua at her side, Dr. Falkner next to Naubahua. Betty Naubahua-Scholz next to Michael Zareus. They walk to the front of the stage and whole-heartedly sing «Nkosi Sikelel'i Afrika».

Singing
The singing merges into rejoicing and ululation, arms are triumphantly lifted into the air – lights dim, the singing ebbs out.
Curtain up – full lights – actors take their bows.

The End

»Nkosi Sikelel' i Afrika« – God bless Africa
Amongst others, anthem of the ANC during the fight against apartheid, later national anthem of Zambia, Namibian national anthem till 1992, currently South African national anthem.
The singing of this hymn is of high symbolic value in southern Africa. It is reminiscent of the uplifting atmosphere in the years after Independence, when everything seemed possible.

First strophe
God bless Africa
Raise high her glory
Hear our prayers
God bless us, our children

Glossary of Terms

Bokkie
Goat
Chief
Traditional leader, member of regional government in Namibia.
Genozid
Genocide is a form of mass killing executed/ ordered by a state and/or by organizations and institutions acting by its order, through which a group or a people is purposefully destroyed, while the perpetrators determine whether an individual belongs to the group/people in question. Defined as a crime against humanity by UN-convention in 1948.
Herero
Generally accepted denomination of the Otjiherero-speaking population of Namibia, comprising of, among others, Mbanderu, Ovaherero and Ovahimba.
Camp/Kamp
Fenced farm terrain
Kirri
Weapon, club out of hard wood with a spherical head, about 60 cm in length
Koevoet
«Cow's foot« or «crow bar«: Name of members of a special unit of the South African Defense Force operating between1979 and 1989, recruited from the Namibian population, including the black population. The unit, which was notorious for its brutal actions against

guerrillas and members of SWAPO, was dissolved in the course of the independence process.

Koppi

Hill, small mountain

Lappies

Pieces of cloth, rags.

Omaheke

Largely waterless semi-desert in north-east Namibia, which stretches over more than 250 km from east of the Waterberg range over the border between Namibia and Botswana.

Otjirumbu

Derogatory denomination for a white person (plural o*virumbu*); originally: «yellow things»

Otruppa

Organization of Herero men at special events in the uniforms of the *otjiserandu*, the troop players. The *otruppa* were seen in public for the first time on 23. August 1923 at the burial of Samuel Maharero. The uniforms are often assembled from those of different armed forces. Complemented by sashes and red bands, they originally symbolized victory over the enemy.

Orlog

From ancient Dutch, *orlog(e)* «War», *a*ctually «state of affairs without contract».

«*Orlog*» in Herero-society: even in current-day Namibia the epitome of conflict with the German colonial power.

Pontok

Hut, similar in form to an igloo, out of a meshwork of

plant material, clay and cattle dung, often portable, covered with animal hides.

Jurisdiction

Here: court hearing according to «US-Code 28, Paragraph 1332«. The Alien Tort Claims Act (ATCA) makes provision for the hearing of foreign claims before a US-court, as long as the claims are based on US civil-law. As per ATCA the concerned do not have to be US-nationals and the disputed events do not have to have taken place on American soil. Such an action is however only possible in the case of violation of the Law of Nations or other international conventions. According to ATCA the genocide of the Herero is the «element of crime« that would form the plaintiffs' legal basis for claiming compensation, i.e. reparations. The world-wide jurisdiction accorded to US-courts by ATCA is viewed with criticism, not only in Europe, due to the possibilities it opens up for the mingling in foreign sovereignty rights.

Rivier

Dry riverbed, usually only carries water in the rainy season.

SWAPO

South-West African People's Organization.
Founded as a movement for the liberation of South-West-Africa/Namibia, Namibia's current ruling party. Biggest support in the north of Namibia, in the former Ovamboland, todays' so-called O-regions. Recognized by the UN, SWAPO organized the political and military liberation struggle for Namibia's independence.

Terrie

Derogatory name used for SWAPO-Guerrillas fighting against the South-African apartheid politics. The

South-African administration defined SWAPO-Combatants as terrorists.

Veld

Open field, plane

Waterberg

Mountain range in the north-east of Namibia, 1875 meters high. The Battle of Waterberg (1904) during the extermination campaign of the German Schutztruppe under General von Trotha is synonymous with German colonial politics in Africa.

ORLOG*

Belated Drama on Justice

Notes. On the theatre production.

The individual stories fall within the larger metaphor of:
Everyone has a right to justice.
Wherever we are confronted with the reparation of injustice suffered in the past and its present consequences, ORLOG* can be understood as a contribution to civil society. ORLOG* is about right and justice with regard to history. Namibia is but an example for the conflicting question of how to repair old, bitter suffering and injustice without creating new suffering and injustice. Time and again people all over the world face similar changes in very different settings, and are forced to face this question with regard to their relationships with others and the way forward into the future.
This goes for the Germans and the Herero and Nama in Namibia as much as for the people of South Africa, the Curds and the Turks, the Macedonians and the Greeks, the Israelis and the Palestinians, the Catalans and the Spaniards, the Letvians and the Russians, the Irish and the British. Big and small peace largely depends on the answer to this very question.

Background

The 1904 Massacre of Herero and Nama in German South West Africa, the extermination of people of colour in the following years, continues to impact on the relations between the Republic of Namibia and the Federal Republic of Germany.

During her visit to Namibia in 2004, Germany's Minister for Development Aid, Annemarie Wieczoreck-Zeul, asked for forgiveness for the cruel acts her compatriots committed in colonial South West Africa one hundred years ago.

Representatives of the affected groups of people, especially the Herero, demanded a tangible admission of the genocide of the Herero and Nama people in a court of law. The so-called «Schießbefehl», the «Order to shoot«, by the Commander in chief of the German armed forces in German South West Africa at the time, Lothar von Trotha, is at the centre of their demands.

Since 2004 different Namibian committees in changing composition, with the help of, amongst others, American lawyers, have tried to obtain an «official admission of guilt for the genocide» by suing the German government. Depending on the negotiations, the lawsuit includes the payment of reparations to the affected people (in 2016 these amounted to 6 Billion US-Dollars) as well as the return of German-owned farms to the Herero and Nama.

Until three years ago the German government only hesitantly dealt with the demands of the committee. The stance of the German government was to negotiate with the government of Namibia, not with individual representatives of the affected ethnic groups. This was in line with the policy of the Government of Namibia, which views the preferential treatment of one ethnic group as contradictory to its principle of «One Namibia – One Nation«.

With the appointment of special envoy Rupert Polenz by the Chancellor, Germany has since 2015 visibly increased its efforts to resolve the conflict. The goal was to come to a solution by the end of Chancellor Angela Merkel's term late in 2017.

This goal has not been attained, the fronts have hardened, the few semi-public debates are extremely emotional.

In 2017 representatives of the Herero and Nama communities filed a new lawsuit against the Federal Republic of Germany at the *United States District Court New York*.

Early in January 2018 representatives of the Herero and Nama for the first time openly contemplated the occupation of German-owned farms.

In view of the land reform programme of the Namibian government and events in Zimbabwe, the majority of civil society in Namibia, regardless of ethnic origin, rejects any form of land occupation. Namibia would otherwise go under in chaos – such are the voices in the media.

Large parts of the Namibian public also clearly reject a «payment in Dollars, of money« that would benefit various vested interests. Representative of civil society have suggested a «reconciliation of the people« as a more viable solution.

They advocate for a public apology and dialogue on Namibian-German history between equals.

They would like Germany's transparent financial and staff support for local projects, such as schools, water supply and hospitals, which would bring about real improvement of the living conditions in the less developed villages of the Nama and Herero rural communities.

Back in court

It seems that representatives of the various genocide committees believe that the likelihood of their demands being met in US-courts has increased under the Trump administration.

In January 2018 the American government informed the German Chancellor through its embassy in Berlin that it would no longer accept the fact that Germany ignored the US-judiciary in the lawsuit on «the genocide of the Herero and Nama by the Germans».

Consequentially an attorney commissioned by the Government of the Federal Republic of Germany appeared at a court hearing on 25 January in New York. At the end of July 2018 further discussions took place on the «competence of court».Two dates for court hearings before the end of 2018 on technical questions are currently being discussed. The presence of a high-ranking Herero and Nama delegation on 28.08./29.08.18 in Berlin on the occasion of the formal handing over of the remains of murdered Herero and Nama, has underlined the seriousness of both sides to soon resolve the conflict.

On 07 March 2019 ,the New York court dismissed the lawsuit. The representatives of Herero and Nama do not accept the court's decision to consider initiating appeal proceedings.

In the meantime negotiations between the special envoys, Ruprecht Polenz for Germany and Zedekia Ngavirue for Namibia, continued. On 15 May 2021, after 5 years of negotiations, an «Agreement of Reconciliation» was reached. The official signing was left to the Foreign Ministers, but was postponed due to Corona. However, during first discussions, the agreement was met with heavy criticism from representatives of all parties in the Namibian Parliament.

The representatives of the victims mainly criticise that the 1.05 billion Euro in development aid granted by the German Government should be paid to the Namibian Government over a period of 30 years.

The result of the negotiations is a compromise, but despite the criticism from the Namibian public, it is historically significant: this is the first time a former colonial power officially and unambiguously acknowledges guilt for the harm caused to the victims of colonialism.

Possible political consequences for Namibia and Germany

With the theatre play ORLOG* the unresolved conflict of Federal Republic of Germany versus representatives of the Herero/Nama will reach the public realm. It seems as though the political role players are currently moving in self-explanatory circles. The discussion triggered by the play in civil society will open prospects for the escape from these hermetic circles, to enter new domains of practical action, to test alternatives.

According to voices from the Namibian Parliament a direct fulfilment of the demands of the Genocide Committee would undermine the efforts of the Namibian government's nation-nation-building efforts; it would strengthen, amongst others, separatist streams in the country, such as in Rehoboth and the Zambezi Region (former Caprivi). What is at stake here, is the unity of the Namibian nation, which is more than one of the founding principles of the Namibian Constitution. Without such unity it is hard to imagine a present and future for Namibia and even harder to honour the promises of the Struggle.

For Germany ORLOG* is an instructive play about the repression of colonial history. Part of the moral drawn from this catastrophe is the quest to find answers to the questions arising about the possibility and necessity of reconciliation, guilt and forgiveness. ORLOG* is also a parable about the horrors of war and the destruction of souls.

The demands for reparations by the representatives of the Herero/Nama and their fulfilment with the help of US-courts could result in demands by other former German colonies – e.g. Cameroon, Togo, Tanzania.

The naming of guilt, the implementation of consequences according to US-law, also sheds a new light on the repression and reworking of the history of other colonial powers, such as, amongst others, America

(Native Americans, slaves), Great Britain (Middle East), France (West- and North Africa, Indochina).

Possibilities of a theatre production

ORLOG* is a play about an emotionally charged conflict. In the tradition of documentary theatre ORLOG* belongs to the genre of historical fiction that takes up historical and current events, relates them to each other and thereby kindles the interest of the audience. Documentary theatre can also take the form of a tribunal and be produced as a performance play or play reading
(For the play reading of Peter Weiss' drama «Die Ermittlung« (*The investigation)* European governments availed their parliamentary chambers. The «political space» – in the true sense of the word –opened itself to the debate of civil society. This corresponds to the importance of the play for the German culture of remembrance.)
Contrary to the conflict parties of the political reality the theatre play is not rooted in ideology.
The characters are «figurines» – the theatre play, artistic expression, goes beyond what is possible in historical science and politics. That is the window of opportunity art can open in societal dialogue.
In the staged space people tell their stories in fierce speech and counter-speech and let the spectator experience their existential affliction. The search for the meaning behind individual pain and reasons for damage become tangible.

In a staged tribunal the protagonists on «both sides» woo the judge, the assessors, the spectators with their arguments. – To gain their empathy they only have this one beautiful, grim life. Each one gets an opportunity to explain their actions. The play stimulates equality and the diversity of voices, the adoption of an unbiased perspective – what kind of future do we want? It is a discussion on what politics – seemingly – cannot discuss. It articulates what historians and politicians are unable to say for various reasons.

The massacre at the Waterberg in 1904 and the inhumane atrocities committed in its wake can by no means be relativised; these are non-negotiable facts. They took place und and are a bloody part of the joint Namibian-German history.

Looking for a way forward, one has to find out which possibilities present-day society has to resolve past conflicts and to find a way into a shared future.

This is the question that takes centre stage in ORLOG*.

Berlin, November 2021

Autor

Jürgen Leskien, 19.10.39 in Berlin-Friedrichshain geboren.

Ausbildung und Arbeit als Motorenschlosser, Offizier und Flugzeugführer / Ingenieur für zivile Flugsicherung. Studium Theaterwissenschaften, Diplom, Schwerpunkt Heinrich von Kleist. Arbeit als Dramaturg, Publizist und Schriftsteller. Seit 1978 im Rahmen der DDR - Entwicklungshilfe im südlichen Afrika - Angola, Tansania tätig. U.a. im UNHCR Flüchtlingscamp für namibische Flüchtlinge (Kwanza Sul /Angola) und im „ ANC Entwicklungs- und Ausbildungscamp Dakawa / Mazimbu" . 1990 Projektleiter für das Konversionsprojekt der Universität Bremen in der eheml. Luftwaffenbasis der SA Airforce in Ruacana / Namibia. Die Berührung mit AFRIKA wird prägend für die schriftstellerische und publizistische Arbeit.

Neben den Büchern für Kinder, Hörspielen und Filmszenarien entstehen die AFRIKA-Bücher:

„Ondjango - ein angolanisches Tagebuch", Berlin 1980

„Das Brot der Tropen", Berlin 1982

„Shilumbu - was will er in Afrika?!", Berlin 1988

„Einsam in Südwest", Berlin 1990 / 2019

„Kieloben" , Frankfurt /Oder 2001

„Dunkler Schatten Waterberg", Berlin 2004

„ORLOG*" Stück für Theater

Jürgen Leskien wurde für sein erzählerisches Werk mehrfach ausgezeichnet. Er lebt mit seiner Familie auf einem Dorf südlich Berlins, zeitweise in Namibia.

Editor

Jürgen Leskien, born in 1939 in Berlin-Friedrichshain. Following an apprenticeship and work as a mechanic, and then a career as officer, pilot and engineer for civil air traffic control, he studied drama, specialising on Heinrich von Kleist, and worked as playwright, publicist and author. Since 1978 he worked in Angola and Tansania as part of the GDR Foreign Aid Programme for Southern Africa. In that role, he worked at the UNHCR Refugee Camp for Namibian refugees (Kwanza Sul / Angola) and at the ANC Development and Training Camp in Dakawa / Mazimbu. In 1990 he was project leader for a conversion project (run by the University of Bremen / Germany), at the former SA Airforce base in Ruacana / Namibia. His encounter with the African continent influenced for his work as a writer.

Besides writing children's books, audio plays and film-scripts, Jürgen has published the following books on his experience in southern Africa:
Original German titles:
„Ondjango - ein angolanisches Tagebuch" , Berlin, 1980"
„Das Brot der Tropen", Berlin, 1982
„Shilumbu - was will er in Afrika?!", Berlin, 1988
„Einsam in Südwest" , Berlin, 1990 / 2019
„Kieloben" , Frankfurt /Oder, 2001
„Dunkler Schatten Waterberg", Berlin, 2004
„ORLOG*", Drama for theatre

Jürgen has won several awards for his narrative work. He lives in a village south of Berlin with his family, and regularly spends time in Namibia.

Übersetzerin

Sylvia Schlettwein, geboren am 16.November 1975 in Omaruru/Namibia, studierte an den Universitäten Kapstadt und Stuttgart. Die Autorin, Übersetzerin, Lektorin und Lehrerin lebt in Namibias Hauptstadt, Windhoek.

Translator

Sylvia Schlettwein, born on 16 November 1975 in Omaruru/Namibia, studied at the Universities of Cape Town and Stuttgart. She lives in Namibia's capital, Windhoek, where she works as a writer, translator, editor and teacher.